# 2020 最美城乡社区工作者

中共中央宣传部宣传教育局 编

学习出版社

**图书在版编目（CIP）数据**

2020最美城乡社区工作者 / 中共中央宣传部宣传教育局编. -- 北京：学习出版社，2022.2

ISBN 978-7-5147-1119-6

Ⅰ. ①2… Ⅱ. ①中… Ⅲ. ①社区－工作人员－先进事迹－中国 Ⅳ. ①K828.2

中国版本图书馆CIP数据核字(2022)第008495号

**2020最美城乡社区工作者**

2020 ZUIMEI CHENGXIANG SHEQU GONGZUOZHE

中共中央宣传部宣传教育局　编

责任编辑：张　俊
技术编辑：胡　啸

出版发行：学习出版社
北京市崇外大街11号新成文化大厦B座11层（100062）
010-66063020　010-66061634　010-66061646
网　　址：http://www.xuexiph.cn
经　　销：新华书店
印　　刷：北京新华印刷有限公司

开　　本：710毫米×1000毫米　1/16
印　　张：13.5
字　　数：151千字
版次印次：2022年2月第1版　2022年2月第1次印刷

书　　号：ISBN 978-7-5147-1119-6
定　　价：44.00元

# 前言

2021年4月19日，中央宣传部、民政部向全社会公开发布2020年“最美城乡社区工作者”先进事迹。他们是：北京市顺义区空港街道吉祥花园社区党支部书记、居民委员会主任、社区服务站站长绳桂玲，辽宁省鞍山市立山区灵山街道灵西社区党委书记、居民委员会主任刘娟，黑龙江省海林市海林镇蔬菜村党委书记、村民委员会主任窦乃兴，上海市虹口区嘉兴路街道瑞虹第一社区党总支书记华磊，福建省石狮市湖滨街道玉湖社区居民委员会副主任、社区工会主席林丽娜，河南省辉县市张村乡裴寨村党支部书记、村民委员会主任裴春亮，广西壮族自治区融水苗族自治县安陲乡江门村党总支书记、村民委员会主任杨宁，四川省北川羌族自治县擂鼓镇五星村党支部书记、村民委员会主任余绍容，陕西省商洛市山阳县南宽坪镇安家门村党支部副书记宁启水，宁夏回族自治区吴忠市利通区金星镇金花园社区党委书记、居民委员会主任张丽萍。

10 位先进模范是城乡社区工作者的优秀代表。他们中，有的不断创新社区工作方法，为居民解决民生难题，发动居民共建美好社区；有的二十年如一日，用心用情用力为居民服务，实现了“后进”社区到远近闻名先进社区的蜕变；有的“抠小家”“富大家”，用一股闯劲儿将经济滞后的革命老区村发展成资产过亿的社会主义新农村；有的脱下军装在社区一线闪光，用最美的青春书写年轻人担当；有的积极发动社会慈善力量参与，整合各方资源为社区困难群众点燃生活的希望；有的致富不忘乡亲，毅然回乡带领村民走上共同富裕的道路；有的大学毕业回到家乡，扎根山村十余载，带领少数民族群众脱贫摘帽奔小康；有的舍生忘死当好“主心骨”，在地震灾后重建中用“苦黄连”换来百姓的“甜日子”；有的时刻把村民的冷暖挂在心上，用两条“铁腿”领着大山里的贫困村走上了致富路；有的全力做好社区民族团结工作，用真情拉近各族居民群众和谐互助邻里关系……在脱贫攻坚战、新冠肺炎疫情防控斗争中，广大城乡社区工作者不讲条件、不计报酬，义无反顾冲在第一线，用实际行动再次证明，广大城乡社区工作者是实现人民共同富裕、维护社会和谐稳定、筑牢中国特色社会主义大厦根基的重要力量。

为深入学习贯彻习近平总书记关于城乡社区治理的重要指示批示精神，贯彻落实《中共中央　国务院关于加强基层治理体系和治理能力现代化建设的意见》，大力实施时代新人培育工程，充分展示城乡社区工作者担当作为的良好精神风貌，我们组织编写了本书，进一步讲好“最美城乡社区工作者”开拓进取、创新求实、忘我工作、无私奉献的生动故事，激励广大城乡社区工作者以“最美城乡社区工作者”为榜样，牢记初心使命，强化责任担当，深入开展党史学习教育特别是“我为群众办实事”实践活动，努力成为社区带头人、居民贴心人、事业传承人，为强化社区为民、便民、安民功能，把社区建设成为居民最放心、最安心的港湾付出更多努力，为推进基层治理现代化建设开好局起好步作出更大贡献。

2020
最美城乡社区工作者
ZUIMEI CHENGXIANG SHEQU GONGZUOZHE

# 目 录
contents

# 做好贴心人　连起千万家

## ——记“最美城乡社区工作者”群体

李昌禹

社区很“小”，它是社会治理的基本单元；社区又很“大”，老百姓的生活起居、吃穿住行，都与它密切相关。在各地城乡社区，有这么一群辛劳的工作者：在新冠肺炎疫情防控的一线，有他们坚守的背影；在脱贫攻坚的战场，有他们挺拔的身姿；在民生服务的前沿，更有他们忙碌的身影——他们是群众的贴心人，连起千家万户，他们就是城乡社区工作者。

在社区这片最基层的土地上，老百姓最有发言权，只有真心实意为老百姓办实事，才能赢得大家的口碑。

### 疫情防控前线，他们守护社区安全

社区是疫情防控的最前线。在疫情防控的紧要关头，广大社区工作者义无反顾走出家门，坚守在社区最前线，守护着千家万户的

◆ 华磊在执勤

平安。上海市虹口区嘉兴路街道瑞虹第一社区党总支书记华磊就是其中一员。

“人口信息摸排、口罩登记、测量体温、运送物资、半夜去接境外回沪社区居民……方方面面工作都要做好，否则整个防控系统有产生漏洞的风险。”提起那段经历，华磊记忆犹新。瑞虹第一社区有1700多户居民，防控境外疫情输入任务重。华磊从2020年的大年初一就开始忙碌，在冬日凛冽的寒风中，她和志愿者们一站就是几个小时。制作疫情防控作战图，以四色标识实时更新每户情况……她创新工作方法，提出的境外回沪人员管理“预摸排—接人—入户—日常管理”闭环流程，不仅守护了社区安全，还在全市推广。

宁夏吴忠市利通区金星镇金花园社区党委书记张丽萍带着社区网格员、党员、楼长、下沉干部24小时值守一线。她结合社区疫情防控实际，充分发挥基层党组织的战斗堡垒作用和党员的先锋模范作用，成立了 8 个临时党支部，动员 125 名党员冲锋上阵。由于连日过度劳累，张丽萍一度晕倒在防控一线，但仅仅休息了 10 个小时，就返回了工作岗位，“同事们都在奋战，我不能躺在家里，要和大家并肩作战！”她说。

疫情防控中，北京市顺义区空港街道吉祥花园社区党支部书记、居委会主任绳桂玲最牵挂的是社区里的空巢独居老人。她组织社区党员、志愿者，与空巢独居老人结对帮扶，实行“每天一面”制度。每天不管多忙，她都定好闹钟，按时给老人打电话或上门探望，有事就帮着办，没事就陪老人聊天解闷。

“守护好社区里的每一位居民，是我们义不容辞的责任。”绳桂玲说。

## 脱贫攻坚战场，他们带领群众奋斗致富

常年穿着一件套头衫，脚蹬一双解放鞋，这个质朴得像山花一样的 85 后苗家妹子叫杨宁，是广西融水苗族自治县安陲乡江门村党总支书记、村委会主任。

江门村山多地少，长期陷于贫困之中。2010 年，杨宁作为江门村第一个女大学生“村官”上任时，村里的年人均纯收入只有 1000 多元。为了带领村里的群众脱贫致富，杨宁在这里一扎根就是 10 余年。她带着贫困户发展高山泉水西瓜、高山水稻等特色产业，创办了农产品品牌，户均增收 3200 多元。为拓宽销售渠道，她还带领农村创业青年成立了农产品电商服务中心，2019 年销售贫困户特色农产品 300 多万元，为村集体经济增收 7 万余元。如今，江门村 94 户

326 人成功脱贫。

带领乡亲兴修水利告别“望天收”；拆除老村复垦土地，发展高效农业；拓宽改造商业街、建设裴寨社区；发展红薯产业、服装产业和红色文化旅游业……在河南省辉县市张村乡裴寨村，村党支部书记、村委会主任裴春亮致力于带领村民脱贫致富奔小康，不仅让裴寨村这个年人均收入不足千元的省级贫困村发展成了年人均收入超过 2 万元的新型农村社区，还通过“1+N”扶贫模式，带动太行山区 5 万多名群众脱贫致富……

一个经济发展滞后村，如今成为年集体收入 160 多万元的富裕村——黑龙江省海林市海林镇蔬菜村的变化，离不开村党委书记、村委会主任姜乃兴的努力。当年，为了建设新型大棚，发展蔬菜经济，他挨家挨户做工作，终于建成 300 多栋新型大棚温室。如今，全村棚室规模已发展到 3100 多栋，菜田面积达到 6500 多亩，年产各类精品菜 1.2 亿斤，出口外销 8000 多万斤，产业收入超亿元，蔬菜基地被评为“国家级蔬菜棚室示范区”“黑龙江省标准化农副产品出口基地”。

◆ 北川县检察院检察长张平走访人大代表余绍容（右）

在四川省北川羌族自治县擂鼓镇，有一个叫五星村的偏远小山村，村里有位村民心目中的好支书——余绍容。10余年前，在抗震救灾中，她舍生忘死转移群众；如今，在脱贫攻坚和乡村振兴路上，她又成了村民致富的带头人。为了发展黄连种植，只有初中学历的她靠着不服输的闯劲儿，带着村里的年轻人到周边县市学习取经，结合本村实际，形成了"党支部 + 专业合作社 + 农户"的发展模式，村民人均年收入由5年前的2000余元提高到了现在的1万余元。

"作为一名党员，就要为人民服务。我会做好服务，带领乡亲们继续奋斗，过上更美好的生活。"余绍容说。

## 民生服务前沿，他们为群众排忧解难

城乡社区，是民生服务的最前沿。社区里的每一件事，在社区工作者眼里都是民生服务的大事。

在福建省石狮市湖滨街道玉湖社区，提到社区居委会副主任林丽娜，大家都交口称赞。为了给社区群众尤其是生活困难群众提供更多保障，林丽娜在玉湖社区组织成立了"石狮市玉湖爱心慈善会"，并将每年12月25日定为"玉湖社区爱心日"。10余年来，"石狮市玉湖爱心慈善会"共募集善款1000多万元，资助困难家庭学子上大学和老弱病残居民1500多人次。

在陕西省山阳县南宽坪镇安家门村，村党支部副书记宁启水多年来承担着商洛地区4个条件最为艰苦且不通公路的山村的抄电表和线路维护等工作。486个用户散落在海拔1700多米的高山与峡谷之间。最远的万佛山村，来回一趟近百公里。每次上山，他的背篓里

◆ 宁启水行走在大山间，脚上穿着草鞋，背上背着背篓

除了电工器具，还有为山上孤寡老人和困难群众免费捎带的油盐酱醋等生活必需品和化肥等农业生产资料。20 多年来，宁启水累计徒步 10 万余公里，穿坏了 150 多双鞋，坚持免费捎带生活用品达 8 吨……

辽宁省鞍山市立山区灵山街道灵西社区党委书记、居委会主任刘娟带着 600 多张写有自己电话的小纸条，挨家挨户到居民家中走访。对于群众反映的 100 多条诉求，她一一列出解决时间表发给大家，请大家监督和支持。社区的孤寡老人李月梅患有严重的类风湿病，生活不能自理。刘娟白天安排专人护理，晚上自己住在老人家里照看。在她的影响下，社区居民自发成立志愿服务队，把每周六定为社区志愿者服务日。20 多年来，社区坚持开展志愿服务，如今灵西社区的党员志愿服务队已经成了远近闻名的党建品牌。

“社区工作就是群众工作，要真诚实在，否则就会失去群众的信任。”刘娟说，“对于党员干部来说，老百姓的事就是天大的事，只要群众脸上挂着笑容，我们苦点累点不算什么。”

《人民日报》2021 年 4 月 19 日

# 进百家门，办百家事，暖百家心

## ——走近“最美城乡社区工作者”

高　蕾

他们，把居民群众的“鸡毛蒜皮”当作“头等大事”；他们，把家家户户的喜乐悲欢印在脑海、留在心头。他们是城乡社区的“守门员”，是脱贫致富的“领头雁”，更是一方百姓的“贴心人”。

近日，中宣部、民政部向全社会公开发布“最美城乡社区工作者”先进事迹。这些看似最平凡的社区工作者，用坚守和奉献书写不平凡的人生答卷。

### 当“头雁”：只为家乡更富美

河南省辉县市张村乡裴寨村曾是一个省级贫困村。2005年，裴寨村换届选举。已是当地知名企业家的裴春亮决定回到家乡，帮乡亲们致富。

捐资3000万元，无偿为全村村民建造新居；带领党员群众打深井、建水库、修水渠，让乡亲们吃上干净水；成立蔬菜花卉种植专业合作社，发展高效农业……当选裴寨社区党总支书记、裴寨村党支部书记兼村委会主任的裴春亮，带领村民将全村人均年收入由2005年的不足千元提高到现在的超过两万元。

“要不是裴书记，我都不知道还要受几辈子穷。”村民们打心底感激裴春亮的付出。

“山里的大学生都往外跑，你却从山外跑回来！”广西融水苗族自治县安陲乡江门村村委会主任杨宁至今记得，刚选择回乡时父母和亲友不解和失望的眼神。

从大城市回到小山村，杨宁不是没有过犹豫。但乡亲们的热盼和支持让她坚持下来。

家乡竹子资源丰富，但收购价低。为减少中间环节，她自费到外地寻找商家，建收购点。当地昼夜温差大，适合种西瓜，她组织村里留守妇女成立种养专业合作社。为了拓宽农产品销售渠道，她还当起了“微商”。

10年来，杨宁带领江门村94户326人成功脱贫，贫困发生率从20%降到0。

要让乡亲们也过上和城里人一样的好日子！在祖国大江南北，许多像裴春亮、杨宁一样的乡村社区工作者，胸怀赤子之心，不懈奋斗着。

在黑龙江省海林市海林镇，有一个名副其实的蔬菜村。村子菜田年产各类精品菜1.2亿斤，其中出口俄罗斯、日本、韩国和外销南方省市8000多万斤。

说起村子的致富之路，离不开蔬菜村党委书记、村委会主任窦

◆ 蔬菜村聘请高级农艺师现场开展棚室蔬菜病虫害防治及施肥培训（左三为窦乃兴）

乃兴。

蔬菜村人均耕地不足 2 亩，如果种植玉米、大豆等作物，村民连温饱也解决不了。经过多方考察，窦乃兴鼓励村民重点发展蔬菜温室、大棚，种植反季节蔬菜。

建棚室初期投资大，村民有些犹豫。窦乃兴就第一个干，以实际效果说服村民。

几十年来，窦乃兴一年的休息时间不超过 5 天。“蔬菜村才是他的家。”妻子的“埋怨”道尽了一位基层工作者的辛劳和付出。

四川省北川羌族自治县擂鼓镇五星村早在 2016 年就脱贫摘帽。但突如其来的疫情，打乱了村子的发展。

五星村许多村民常年在外地务工，因疫情无法返岗，生活陷入困境。五星村党支部书记、村委会主任余绍容急村民所急，推荐 40 余人参与村子修路工程，暂时解决了他们的生活困难。国内疫情稳定后，她积极组织协调，有序安排村民返岗就业。

如今，余绍容又带领村民们投入乡村振兴大潮中。“等村里黄连产量达到一定规模后，我要引进设备对黄连精加工。未来条件允许时，我们还要修建黄连康养胜地。”说起未来计划，余绍容充满干劲。

## 谋创新：打通基层治理“神经末梢”

社区工作千头万绪，但“小巷总理”们个个有“法宝”。

北京市顺义区空港街道吉祥花园社区居民素质参差不齐，部分居民习惯将厨余垃圾甚至有害垃圾混合放置。

如何破解社区垃圾分类难题？社区党支部书记、居委会主任绳桂玲大胆创新，提出“发动一个孩子，带动一个家庭，影响整个社区”的方法，通过小手拉大手，共建绿色文明社区。

此外，绳桂玲和同事们还推出社区“绿地认领”新举措。如今，已有 200 余位居民参与，认领绿地 2000 余平方米。“谁的绿地谁负责”，小小一纸认领公约，激发了居民主人翁意识，促进了社区环境整体提升。

针对社区特点精准施策是做好社区工作的关键。对上海市虹口区嘉兴路街道瑞虹第一社区党总支书记华磊来说，由于社区中老年居民比例较高，如何让这些“老宝贝”们老有所学、老有所乐成了她的工作重点之一。

为此，华磊发掘出具有文艺特长的党员，由他们带头，组建合唱队、旗袍队等10余支文体团队，帮助老人们度过愉快充实的晚年生活。

宁夏吴忠市利通区金星镇金花园社区居民结构复杂，相当一部分是回、满、蒙古、藏族等少数民族居民。

为了增进邻里了解，拉近邻里关系，社区党委书记、居委会主任张丽萍和同事们连续多年坚持举办以“百家宴”、团拜会等为内容的“社区邻居节”，并探索实施“四治融合”的基层治理模式，让民族团结花在社区内盛放。

## 心贴心：守望社区万家灯火

陕西省山阳县南宽坪镇安家门村党支部副书记、宽坪供电所安全监督员宁启水工作的区域地处秦岭南麓，山大沟深，村民居住分散。

每次进山，宁启水总爱背一个背篓。里面装的除了电工器具，还有为山上孤寡老人和困难群众免费捎带的生活必需品。农忙时节，背篓里还会多出化肥等生产资料。

住在万佛山顶的盛庆全老人，一年难得下一次山，生活用品基

◆ 刘娟组织活动丰富居民文化生活

本都是宁启水背上来的。“这些年多亏了启水。”老人满是感激。

多年来，宁启水背送的物资累计 8 吨以上，用坏了 8 个背篓，穿坏了 150 双鞋。

当宁启水在大山深处前行时，辽宁省鞍山市立山区灵山街道灵西社区党委书记、居委会主任刘娟也在为社区里的大事小情操心着。

被判刑和强制戒毒的社区居民张某刑满释放回到社区。但迎接他的却是亲戚、邻里和朋友的避之不及。父亲病故的打击，更让他不知如何面对生活。刘娟得知情况，多次主动与他联系，帮助他料理父亲后事，还给他介绍新工作。后来，张某被确诊为双肾坏死，又是刘娟垫付了 7000 多元医药费，还和丈夫、儿子轮流护理。

“姐，没有你，我早不知死多少次了……”张某眼含热泪地对刘娟说。

要凝聚社区民心，唯有以心换心。

福建省石狮市湖滨街道玉湖社区党委副书记、居委会副主任林丽娜通过走访了解到，对于社区许多家长来说，孩子下午放学时，他们正忙于工作，分身乏术。该怎么帮助大家？早在 2014 年，林丽娜就提出联合专业社工机构在社区试点开展“四点半课堂”放学后免费托管服务。为了进一步提高托管服务质量，林丽娜又积极推动在学校设立“四点半课堂”。

“四点半课堂”是林丽娜扎根社区、为群众排忧解难的一个缩影。20 多年来，她始终用爱心、耐心、恒心温暖着居民。“丽娜和我没有血缘关系，却比我的亲女儿还亲。”玉湖群众的评价，是她最珍视的回报。

新华社北京 2021 年 4 月 18 日电

# 把温暖与大爱送到千家万户

## ——走近“最美城乡社区工作者”

任　欢

在社区这个大家庭里，总有这样一群人，无论大事小情，他们都要去管、都要去办。他们，就是扎根基层、默默耕耘的城乡社区工作者。

近日，中宣部、民政部向全社会公开发布“最美城乡社区工作者”先进事迹。在他们心里，自己是居民群众的倾听者、守护者；在他们眼里，居民群众不是外人而是亲人。他们用数十年如一日的付出、奉献，把温暖播撒在社区每一个角落。

### 用心用情播撒关爱

在北京市顺义区空港街道吉祥花园社区，党支部书记、居委会主任绳桂玲有一个响当当的名号——社区好闺女。社区里的独居老人容易忽视健康问题，绳桂玲每天不管多忙，都定好闹钟，按时给

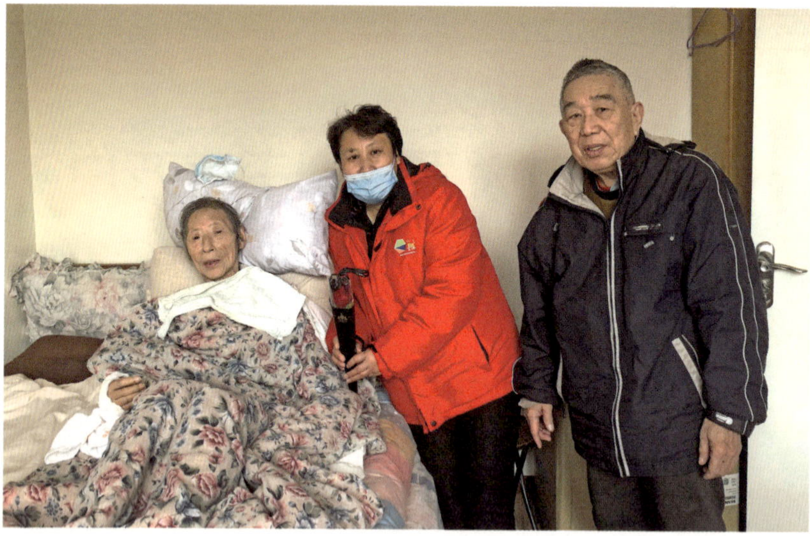

◆ 绳桂玲看望空巢老人

老人们打上一通电话，定期上门探望。

独居老人邢阿姨，2014 年被查出患肺癌晚期，她不仅因治疗花光了本就不多的积蓄，之后更是因为病情严重，生活无法自理。

得知这一情况后，绳桂玲立刻送邢阿姨去医院并主动垫付了挂号费、检查费。尽管绳桂玲自己家中也有一位 80 多岁的老人需要照顾，但邢阿姨住院期间，绳桂玲坚持每天为邢阿姨送饭送水。这一照顾，就是整整 4 个月。

2019 年，邢阿姨决定卖掉房子，搬去养老院生活。临走时，她拉着绳桂玲的手，激动地说："你虽然不是我的亲生女儿，但是对我的爱却胜似亲生女儿。"

共同播撒亲情的，还有辽宁省鞍山市立山区灵山街道灵西社区党委书记、居委会主任刘娟。

智力残疾女孩李丹出生后不久，父亲就离家出走，母女俩靠低保和捡破烂过日子。不幸的是，李丹 19 岁那年，妈妈突发脑出血去世，李丹成了孤儿。

知道这一情况后，刘娟来到李丹面前说："去我家吧，我做你的妈妈。"从这一天起，李丹有了新妈妈。

一开始，刘娟的家人不理解她。刘娟说，"经历不幸、遭遇打击后，最需要有人拉一把。我是社区的干部，社区群众也是我的亲人，我怎能不管呢？"听完以后，刘娟的家人深受触动，成为她的坚强后盾。

"作为一名基层党员干部，我要用责任与担当、温暖与友爱打开更多社区居民的心灵之窗。"刘娟说。

## 离群众多近，对群众就有多亲

凭着一双腿往返 10 多万公里山路，为山里老人背负运送 8 余吨物资，穿坏了上百双草鞋……20 多年来，陕西省商洛市山阳县南宽坪镇安家门村党支部副书记、宽坪供电所安全监督员宁启水用一双"铁腿"，为山区群众送去了温暖。

自 1999 年参加工作后，宁启水承担了商洛市 4 个条件最为艰苦且不通公路的山村的抄表、收费和线路维护等工作。486 个用户散落在海拔 1700 多米的高山峡谷之间，最远的万佛山村，去一趟来回近百公里。

每次上山，山里人常用的背篓就没离开过宁启水的肩膀。背篓里除电工器具外，还有为困难群众捎带的油盐酱醋、大米、面粉等生活必需品。

◆ 杨宁（左）在基层挥洒汗水

住在万佛山顶的盛庆全老人，一年难得下一次山，生活用品基本都是宁启水背上来的。盛庆全说："这些年多亏了宁启水，他每次来都问我家里还需要什么。地里栽的菜秧子、吃饭用的油和盐，都是他给背上来的。"

尽管很多人劝她离开，但在广西壮族自治区融水苗族自治县安陲乡江门村村委会主任、80 后女孩杨宁心里，自己已经越来越离不开江门村的土地："每一天我都有被村民们需要的感觉。我为我的坚守感到自豪！"

记得到村子后不久，杨宁发现许多留守儿童在村里无人管护，手脏脸脏，这既不卫生又不安全。杨宁心中十分焦急。于是她筹划建成"留守儿童之家"，每天抽出时间，辅导孩子们学习、一起玩游戏、进行心理疏导，为留守儿童撑起了一个温暖的"家"。

此外，杨宁还特别关爱特困户：贫困户梁海春因病瘫痪在床，家里有 3 个小孩读书，生活十分困难。杨宁连续 6 年资助孩子上学的全部费用；残疾老人潘健强卧病在床，无人照顾。杨宁便带他到医院看病，还专门到县城为他买来药品……

“能实实在在帮助到一个农村家庭，让我觉得工作很有意义。”别人眼中的“苦日子”，杨宁却格外珍惜。

## 勇当带头人，甘当“忙碌人”

多年来，河南省辉县市张村乡裴寨村党支部书记、村委会主任裴春亮始终致力于把当地的群众都带富。

2005 年，在外打拼 20 年、已小有名气的农民企业家裴春亮，毅然回到家乡裴寨村。面对乡亲们渴望脱贫的眼神，他暗下决心，立下“乡亲不富誓不休”的誓言。

◆ 裴春亮与乡亲们在一起探讨蔬菜大棚种植（裴龙德　摄）

裴春亮首先从改善群众居住条件做起，捐资 3000 万元，无偿为全村村民建造新居，让全村 153 户 595 名群众住进了整洁美观、功能齐全的新房子。同时，他又带领党员群众兴建钢架地温大棚、玻璃日光温室等 750 余座，成立蔬菜花卉种植专业合作社，带动村民发展高效农业，使每亩土地年收益从五六百元增加到五六万元，有的甚至达到 10 多万元。

裴春亮还创新电商扶贫方式、筹建电商扶贫大厦，推动 3000 家淘宝商户在裴寨村落地生根，带动贫困户家家“网上淘金”、户户“线上脱贫”。

从事社区工作 6 年多来，上海市虹口区嘉兴路街道瑞虹第一社区党总支书记华磊，努力挥洒青春热血，当好服务社区的“忙碌人”。

针对社区老人的不同文化需求，她挖掘有文艺特长的党员，组建十余支文体团队。团队活动丰富了社区文化，也让居民们走进了社区大家。

为更好地丰富社区老人的精神生活，华磊动员社区达人黄阿姨担任组长，建立一支“快乐老宝贝”团队。黄阿姨带领“老宝贝”们每天两次定时定点开展健身活动。平时哪位老人没来锻炼，团队成员便会上门探望关心；较年轻的老人主动帮年长的老人带菜；成员们烹饪的美食都会一同分享。

为满足社区中青年的需求，华磊又建立了社区足球队、羽毛球队、篮球队，又根据小朋友的需求建立亲子群，开展富有特色和针对性的活动。

此外，作为街道垃圾分类志愿者团队的队长，华磊和队员们还不定期组织青年宣讲团通过室内讲座、户外路演等方式针对不同领域、不同行业和不同年龄阶段社区成员，开展分众化、有针对性的宣传。

心有温度，行有力度。这位80后女孩，正以群众的需求期盼为导向，在社区大家庭中绽放青春。

《光明日报》2021年4月19日

# 扎根基层书写最美奋斗华章

## ——“最美城乡社区工作者”群像扫描

赵晓明

日前，中央宣传部、民政部开展“最美城乡社区工作者”宣传推选活动，一批爱岗敬业、无私奉献、开拓创新、服务居民的城乡社区工作者迅速走进大众视野。经过各地推荐、网络公示，最终 10 名“最美城乡社区工作者”脱颖而出。他们的共同特征是，扎根基层社区，践行初心使命，充分展示了担当作为的良好精神风貌。

### 社区无小事　事事皆为民

与其他“最美城乡社区工作者”相比，来自上海的华磊是社区治理的新兵。

2011 年，华磊脱下英姿飒爽的军装，转身扎根最基层的社区。出生于 1989 年的华磊从社工干起，以学历高、思路活、接地气的优势迅速获得认可，并一步步成长为虹口区嘉兴路街道瑞虹第一社区党组织负责人。

作为上海市虹口区最年轻的“小巷总理”，如何挑起服务好1716户居民的重担，是需要华磊持续深入探索的课题。

服务，从拉近居民心与心的距离开始。华磊邀请有文艺特长的居民组建了10余支社区文化团队，既丰富了社区文化，又拉近了邻里距离。

与华磊相比，来自辽宁省鞍山市的刘娟是社区工作的老大姐。扎根立山区灵山街道灵西社区22年来，刘娟的身上早已被居民贴满了当家人、带头人、贴心人的标签。

在灵山街道，刘娟是出了名的能想事、能干事的社区工作者。22年间，面对社区里的棘手事、困难事、麻烦事，刘娟总是迎难而上。

自掏腰包建社区服务一条街、成立义工服务队提供便民服务……从原本的混乱社区转变为荣获各种荣誉的先进社区，灵西社区的美丽嬗变凝聚着刘娟的辛劳与汗水。

心中若有桃花源，何处不是水云间。行走在服务群众的路上，刘娟总是笑口常开，她说：“做群众工作，咋呼不得、忽悠不得，要在服务群众中见真章。”

谈及为民服务，陕西省山阳县南宽坪镇安家门村党支部副书记宁启水的想法很简单：用脚步丈量民生，用真心化解民忧。

20多年，行走10余万公里，运送8余吨物资，穿坏150双草鞋，这些数字见证了宁启水为民服务的历程。每次到偏远山区，电工出身的宁启水都会为留守老人、儿童捎带日用品，家里的油盐酱醋、孩子的作业本，宁启水也记不清到底送了多少。

◆ 林丽娜（左）在社区市场宣传文明新风

担任村党支部副书记后，宁启水为民服务的脚步依旧不停歇：在村民过河的必经之地建水泥桥，修宽阔、安全的乡间公路，拓宽了村民的致富路。

在社区 20 多年来，为民服务、为民解忧成为林丽娜工作的重中之重。

作为福建省石狮市湖滨街道玉湖社区居委会副主任、社区工会主席，林丽娜召集成立石狮市阳光太太志愿者协会。疫情防控、扶贫助困、助学助老、移风易俗等，到处都可以看到协会志愿者的身影。

## 干事有思路　创新有招法

面对纷繁的社区治理任务，“最美城乡社区工作者”立足“创新”二字，不断探索治理新方法。

虽然经常被社区里的爷爷奶奶叫作“小绳”，可绳桂玲却是一名地地道道的社区老兵。

担任北京市顺义区空港街道吉祥花园社区党支部书记、居委会主任以来，绳桂玲迅速摸清了整体情况：回迁小区共有 2080 户居民，人员构成复杂。

绳桂玲个头不高，在人群中并不显眼，可创新社区治理的方法却很令人信服：发动居民认领绿地，激发居民主人翁意识；成立儿童劝导队，用孩子的行为带动父母，使“同治理”意识走进家庭。

经历脱贫攻坚的洗礼，四川省北川羌族自治县擂鼓镇五星村党支部书记、村委会主任余绍容前进的脚步坚实有力。如今，她把目光聚焦在乡村振兴上。

在五星村，村民有种植黄连的传统，但零散种植、品质参差不齐，卖不上价。余绍容觉得，当地水土条件这么好，没道理种不好。

◆ 张丽萍在制订社区活动方案

盯准黄连产业后，余绍容致力于通过土地流转规模化种植，用机器进行加工，再用电商建立品牌、打开销路。如今，这些新做法让黄连产业焕发勃勃生机，“苦黄连”承载了乡亲们过上“甜日子”的希望。

距离北川 1000 余公里的宁夏回族自治区吴忠市利通区金星镇，金花园社区民族团结工作一直做得有声有色。

在社区党委书记、居委会主任张丽萍的带领下，社区精心打造了“总书记来到咱们家”红色教育基地，创作推出《习主席来到咱们社区》等歌曲，唱响了民族团结“和谐曲”。

## 奋斗路漫漫　夯实民生基础

黑龙江省海林市海林镇蔬菜村党委书记、村委会主任窦乃兴一直觉得，“蔬菜村”的名字十分贴切，名副其实。

从最早的“幸福大队”到固定资产超 2 亿元的蔬菜村，每一个变化都见证着窦乃兴和村民们奋斗的足迹。

窦乃兴的奋斗是艰苦的，为了省暖气费，村委会办公楼 3 月末就停暖气，被村里人笑称“窦小抠儿”；窦乃兴的奋斗也是幸福的，购买农业书籍、组织村民参加培训班、带着村民种蔬菜，撸起袖子加油干的幸福，每个人都看得见。

在交流时，河南省辉县市张村乡裴寨社区党总支书记、裴寨村党支部书记兼村委会主任裴春亮和窦乃兴很聊得来。谈及脱贫攻坚的经历、展望乡村振兴图景，两人都觉得，好日子是奋斗出来的。

面对乡亲们渴望的眼神，裴春亮发出“乡亲不富誓不休”的誓言。打深井、建水库、修水渠，建产业、搞电商、重帮扶，裴春亮把一个个致富的好点子化为实际行动，在一次次奋斗中让当地群众的生活发生了质的变化。

与窦乃兴、裴春亮不同，广西壮族自治区融水苗族自治县的杨宁是一名大学生“村官”。村里众多留守儿童的生活情况击中了杨宁内心的柔弱。杨宁选择留下来，在换届选举中，成为安陲乡江门村党总支书记、村委会主任。

杨宁觉得，真正呵护这些留守儿童，还得吸引年轻人回乡创业。创业路上，杨宁带领 328 户贫困户发展高山泉水西瓜、高山水稻等特色产业，并形成了自己的品牌。同时，搭建“苗村倌”农产品电商服务中心及扶贫加工车间。

10 余年间，杨宁收获了奋斗的硕果：村里早已脱贫，“苗阿嫂”品牌让村民户均年增收 3200 多元，村集体经济有了不小的起色。

新时代，必定是奋斗者的时代。“最美城乡社区工作者”的先进事迹和崇高精神将激励更多社区工作者扎根基层，俯下身子担当作为、开拓创新，为带领群众奔向美好生活而赓续奋斗。

《中国社会报》2021 年 4 月 20 日

# 最美城乡社区工作者

ZUIMEI CHENGXIANG SHEQU GONGZUOZHE

## 绳桂玲

# 用“辛勤指数”换来“幸福指数”

别看她只有一米五五的个头，站在人群里找都找不见，可是却被社区居民称为“万能人”。

谁家没电了，想到的第一个人是她；谁家孩子没人照顾了，想到的第一个人是她；谁家遇到麻烦需要帮助了，想到的第一个人还是她……她的名字虽然普普通通，但在社区却是大名鼎鼎！

她就是绳桂玲，现任北京市顺义区空港街道吉祥花园社区党支部书记、居委会主任、服务站站长。在这个极其平凡的工作岗位上，绳桂玲走过了10年不平凡的路，干出了一番极不平凡的业绩。

## 由“事找我”到“我找事”

泰戈尔有句诗：“无论黄昏把树的影子拉得多长，它总是和根连在一起。”10年来，绳桂玲始终惦记着社区群众，用心用情为大家办实事、解难事，她用自己的“辛勤指数”，换来了群众的“幸福指数”。

绳桂玲在担任吉祥花园社区党支部书记和居委会主任一段时

间后，就陷入深深的思考之中：如何做好社区工作，当好居民贴心人？如何让群众身边的操心事、烦心事、揪心事能够有人办、马上办、能办好？如何才能让更多社区居民贡献聪明才智，共同建设和谐美丽社区？

绳桂玲说："我们做社区工作，一切工作的出发点和落脚点都是更好地为居民服务。我想各种办法走近居民，到居民中去，用各种途径了解他们的诉求，就是为了主动出击、帮他们解决问题。"

对于社区工作而言，创新工作方式方法很重要。近年来，绳桂玲提出一条社区工作原则：要由原来的"事找我"，转变成现在的"我找事"。做到接诉即办，从而以最快速度解决居民所需。

2019 年 2 月 27 日，绳桂玲将办公桌挪到了吉祥花园社区二期广场前。仅半天时间，前来咨询的居民 30 余人，反映事情 10 余件，其中现场处理 3 件。居民很高兴见到她，也愿意跟她"诉苦"。对于居民反映的问题，她一件事一件事地"抠"，一件事一件事地解决，她相信，只要真心实意去解决问题，诚心诚意地付出，就能办成事；即便一时半会儿不能完全解决，居民也会给予理解。

社区居民李大妈对记者说："看到我们楼一层安装的安全扶手有些松动，我就马上反映到社区的'移动办公桌'。居委会迅速行动，在两天之内就修好了。还把小区所有楼门的安全扶手都检查了一遍，这样更方便我们老人的出行安全。"

一位年轻小哥说："小区里的有些树木很高，枯枝比较多，风大时容易刮断，存在砸到车和行人的隐患。我向'移动办公桌'反映之后，很快得到解决。我觉得社区的办事效率很高，应该点赞。"

为了更方便社区服务居民，绳桂玲还组织社区网格员给辖区

2080户居民发放便民服务卡，卡上印有社区、街道相关科室及她本人的联系电话，居民有困难需要帮助，随叫随到。服务卡背后还附上了二维码，居民扫码之后就可以关注社区微信公众号，随时了解社区动态。同时促使社区工作者走到居民身边，进行“纵向入户”。通过小小的便民服务卡，她想告诉大家，“我们是一根绳，永远服务大家。”

当天服务卡刚发下去，次日凌晨2点，绳桂玲的电话就响了。一位女士说，家里的自来水管爆裂了，满屋都是水。但她此时正在外地出差，家里只有一位老母亲，实在没有办法。绳桂玲二话没说，穿好衣服立即来到现场，淘了两个多小时的水，裤子和鞋都湿透了，腰疼得都直不起来。完事了还不忘安慰老人，老人感动得不知该说什么……

居民张阿姨说：“有时候想起一些事想咨询，但电话号码老容易忘记，现在有了这服务卡就方便多了，直接挂在钥匙上，有什么事，只要一打电话，立马就能解决，真方便！”

绳桂玲每周都要用两个半天的时间，将“移动办公桌”挪到社区广场或居民家门口，与居民面对面交流，了解居民真实想法，广泛收集居民的“好话”与“怨言”，定期把上面的“声音”传下来，把基层的“声音”带上去，打通联系群众“最后一步路”。

绳桂玲说：“我日常几乎不在室内办公，我把办公桌搬到外面去了，老百姓的身边就是我办公的地点，随时随地上门为大家服务。这样既便于发现问题，也能及时倾听百姓声音，大家都愿意把自己的事跟我说。”绳桂玲经常说的一句话是：“有事您找我，我不怕麻烦，您就是我的家人。”

## 由“从大管大”到“小手拉大手”

吉祥花园始建于2012年，属于商品房与回迁房相结合的社区，是个典型的复杂多元化混合型社区。绳桂玲也是一名地地道道的回迁居民。她介绍说：“由于部分回迁居民大多住惯了平房，有在院子堆放杂物的习惯。楼道里破鞋柜、杂物柜等零七杂八的各种废弃物件，塞满了半边过道。有的住在一层楼的居民，在家门口搭起凉棚；还有的支起横杆、拉起电线给电动车‘飞线充电’。”类似的问题层出不穷。

确实，伴随着北京城市建设的进程，越来越多农民上了楼，他们势必要经历从农村生活到社区生活的转变，其间必然会出现各种各样的问题。如何促使“村民转变”向“社区融合”转变，使其生活观念和生活习惯能更快地适应城市生活？

对于一向“点子多”“有招数”的绳桂玲来说，这些新出现的问题怎么办？她说，混合型社区事务繁杂，新老问题交织，居务村务并存，集中管理和组织活动难度大。她认为一味地“堵”不是最佳选择。所以很快在吉祥花园开设了“社区议事厅”，利用“线上微信群，线下议事厅”相结合的方式，收集辖区居民对社区的意见和建议，引领社区居民参与社区治理。

绳桂玲说：“吉祥花园社区议事厅面积虽然不大，却发挥着上传民情、下达政策、全面监督的大作用。通过各种议事，以情感为纽带增强社区居民的社区认同感，让他们参与社区治理增强社区居民的自豪感和奉献感，让社区居民真正实现‘居民自治’，成为社区

◆ 绳书记“移动办公桌”，宣传垃圾分类

治理的有生力量。”

垃圾分类对于社区来说，是个“老大难”问题。“以前社区垃圾都没有分类，厨余垃圾和其他垃圾甚至有害垃圾都是混在一起投放的。一开始推行垃圾分类非常困难，居民压根儿不懂什么是垃圾分类，不知道该怎么分类，在多次劝说引导下，居民还是不太拿垃圾分类当回事。”社区工作人员介绍说。

针对这个“老大难”问题，绳桂玲组织成立了一支由 50 余名学龄儿童组成的“娃娃总理”劝导队，由“从大管大”向“小手拉大手”转变。别看这支小队伍成员平均年龄只有 10 多岁，社区通过开展对孩子们的社会主义核心价值观教育，让孩子们带动并监督自己的父母，以及爷爷奶奶和姥姥姥爷，让“同治理”意识走进家庭，不仅垃圾分类得到很好解决，其他的问题也解决了不少。

“奶奶，您帮我看着点我的小马扎儿，我要回家找爷爷去，给爷爷讲讲楼道是公共区域，电动车不能放那，也不能在家里充电……”小女孩这样与奶奶说道。不一会儿，小女孩带着爷爷来到了广场：“爷爷，您也听听，消防员就是这样说的，我没有骗您……”“好，爷爷听你的，就你懂得多！”

“姥姥，垃圾不能随便乱放在一起扔，那样是不对的！环境会被污染的！要区分其他垃圾、可回收垃圾、有害垃圾、厨余垃圾才行。”

绳桂玲介绍，通过多次组织“娃娃总理”开展社区环境治理和垃圾分类宣传实践活动，引导儿童从小树立环保意识，以“小手拉大手”，形成“发动一个孩子，带动一个家庭，影响整个社区”的良好社会效应。她说，“这样在随时处理家中可回收物品的同时，逐步提高全民参与垃圾分类的意识。现在社区已有100余位小朋友建立了环保台账，记录自己的环保足迹。”

## 由“无米之炊”到“过墙之梯”

吉祥花园社区紧邻地铁15号线，以优越的交通条件吸引了不少“北漂”一族入住。不少房屋中介也都盯上这块“肥肉”，买房难可以租房，整租难可以合租，房间不够打隔断，在利益驱使下，小区里出现了不少群租房。2020年，吉祥花园社区共有住宅2080套，其中出租房屋758户，出租率高达36.4%。

2020年11月，长租公寓行业品牌“蛋壳公寓”，因资金链紧张而深陷破产传闻。最终，因拖欠房东房租与租客退款，“蛋壳公寓”陷入讨债风波，包括“北上广”在内的全国多地“蛋壳公寓”办公区域出现大规模解约事件，其中有140套出租屋就在吉祥花园小区。

其时，北京新冠肺炎疫情防控形势还很严峻，绳桂玲白天忙疫情防控工作，晚上利用自己休息时间进行矛盾调解，常常熬到深夜。

回忆起这段经历，绳桂玲无奈地叹了口气，讲述道："其中有个年轻小伙子租客，2020 年 10 月刚交了 1 年的房钱，共 4 万多元，后来在 11 月爆发了'蛋壳公寓'资金链断裂，导致解约事件。租户虽然给'蛋壳'交了租金，但'蛋壳'未支付给房主，导致租户交了钱，不腾房；房主收不到钱，要收房。双方各执一词，吵得昏天黑地，无助之下来到社区，找我寻求解决办法。"

绳桂玲劝导："房主，你别一口咬定必须搬。租户，你也别死活就不同意搬。咱们冷静一下，把这事先理智地思考一下，一起寻求一个尽量让你们双方都能接受的方式解决。"

之后的一段日子，绳桂玲多次登门联系租户和房东，苦口婆心劝说，几番周折后，双方终于达成和解，各退一步，房主同意租户住到 2021 年 5 月，如果之后租户还想续租，再签租赁合同；如果到时不住，那租户再搬走。

因为"蛋壳公寓"深陷讨债风波事件，导致吉祥花园社区的很多租户需要调解，这可愁坏了绳桂玲。但再高的墙也有"过墙之梯"。她最后想出了一个辙——搁置争议，风险共担，面向未来。所谓搁置争议，就是房东和租客原先都是和"蛋壳"签的合同，双方都有道理，责任是在"蛋壳"，但如今事情要解决，双方要坐下来谈，那就得心平气和，只有这样才能谈下去。由于社区工作者没有执法权，"巧媳妇难为无米之炊"，无法作出直接的判断处置，只能建议租客和房东从法律角度出发，依法合理维权，尽量帮房东和租客把自身的损失降到最低。

后来，绳桂玲为了规范社区的房屋租赁，迅速制订应对方案，联合派出所、物业、居民、中介公司等多方力量，打造"5V1"绿色租赁体系。她将各家租赁房源登记在册，并为租赁房屋发放“身份证”，对社区名称、中介名称、管家姓名、联系方式、房屋住址以及房屋结构等信息进行公示，增加了辖区出租房屋的透明度，便于接受社区居民的监督。

全心全意为居民，一枝一叶总关情。已经50岁的绳桂玲，10年来努力为社区工作，实现了自己当初对社区居民的庄重承诺。不忘初心，方得始终。她常说，我不是万能的，但不听取居民意见建议是万万不能的。在社区工作平凡的岗位上，绳桂玲用一个党员的信念和行动，实践着理想；她凭着执着的精神，在社区精细化管理、推动社区绿色发展中播撒着爱心；她用一颗赤诚的心，诠释着一位基层社区党支部书记的人生情怀。一分耕耘，一分收获。绳桂玲先后获得北京市抗击新冠肺炎疫情先进个人、北京市优秀共产党员、北京市劳动模范等多项荣誉称号。近日，又赢得了中央宣传部、民政部发布的“最美城乡社区工作者”光荣称号。

在结束采访的时候，绳桂玲笑着对记者说：“做我们社区工作的，忙是真忙，累是真累，但也开心、充实。这么多年来，事有人管，难有人帮，苦有人问——这是社区居民给我的最高评价。”

《中国社会报》2021年5月12日

# 甘当一根绳连居民为民生

张美荣

城乡社区是民生服务的最前沿。社区里的每一件事，在社区工作者眼里都是民生服务的大事。在顺义区空港街道吉祥花园社区，有一位2020年全国“最美城乡社区工作者”——绳桂玲。她也是本届评选中，北京市唯一一名获此殊荣的社区工作者。

51岁的绳桂玲是吉祥花园社区党支部书记、居委会主任、服务站站长。在社区工作10年之久，绳桂玲爱“找事、管事、琢磨事”。在她心里，自己是社区群众的倾听者、守护者；在她眼里，居民群众不是外人，而是亲人。

## “融”字下功夫把办公桌搬到居民家门口

“夏天来了，希望单元门口的树枝能重新修剪一下”“书记，我也想认领一下绿地，种什么花草我都想好了”“小绳啊，你母亲的病好点没啊”……每次绳桂玲把办公桌搬到室外，总是被居民围在中间，有咨询的，有反映问题的，还有聊天的。

为强化社区服务，深化社区治理，自 2019 年 2 月 27 日开始，绳桂玲每周利用两个半天时间，将办公桌挪到场外或者是居民的家门口，现场办公，与居民面对面交流，广泛收集居民的“好话”与“怨言”。

“不是要紧事、急事，有的居民一般不愿去居委会；遇到事，有的居民又不知所措；对社区治理有想法，又不想单独反映……现在，我们实行‘移动办公’，哪儿人多，我们就把办公桌搬到哪儿。况且，我是回迁居民，就住在这个社区，居民有事可以随时找我。”绳桂玲告诉记者，社区工作者要有“有事管事，没事找事”的办事精神，主动帮群众解决问题。

创新“移动办公”工作方法，对于吉祥花园社区而言最大的变化是，由之前的“事找我”，到现在的“我找事”。这一方法与之前“书记信箱”“民意联络微信群”征集居民诉求相比的好处，是有利于社区做到接诉即办，以最快速度解决居民所需，解决居民“最后一步路”的问题。

此外，立足社区特点和人员结构，经过多年的实践与研究，绳桂玲还总结出一套“五微五融”工作法，即通过“微心愿、微议事、微平台、微宣讲、微共享”5 种方式搭建平台，创新载体，丰富形式，以点点滴滴的渐变和渗透的过程，逐步推动社区融合。“融”，即融合、和乐之意。在吉祥花园社区工作的这些年，绳桂玲一直在这个字上下功夫。

## 嘴勤腿勤与居民打成一片

绳桂玲是个闲不住的人，平时就喜欢在社区里转，走近居民、了解居民。

5 月 10 日，记者见到绳桂玲时，她刚从社区巡查回来。“我性格上大大咧咧，喜欢跟居民打交道，大家都说我适合做社区工作，接地气，说老百姓的话、做老百姓的事。”绳桂玲性格开朗，开门见山。

这不，这次出去又有收获。绳桂玲曾跟老人子女聊天，了解到空巢老人吃饭难的问题，现在空港街道老年餐桌开餐了，她又了解到有的老人不方便去老年餐桌吃饭。一进办公室，绳桂玲马上拨通了链家地产负责人的电话，“有这么个事，你们这边能不能出两三名志愿者，每天中午去街道老年餐桌帮忙取一下餐，再给老人送到家里……”

“行！妥了！”解决好老人吃饭难的问题，绳桂玲放下电话，才跟记者聊了起来，“链家地产是社区的共建单位，这是我们在去年疫情期间结下的友谊，小伙子们帮着社区给居家隔离人员送快递、送餐，没少出力。”

与链家地产结为共建单位也是绳桂玲聊出来的结果。吉祥花园社区是典型的复杂多元的混合型社区，有商品房，也有回迁房。混合型社区事务繁杂，新老问题交织，居务村务并存，集中管理和组织活动难度较大。

为打破社区和居民之间的“玻璃门”，绳桂玲每天都下社区、隔三差五就入户，几乎认识了社区内不上班的所有居民。对于独居、空巢老人以及生活困难等特殊家庭，她清楚思想状况、清楚家庭情况、清楚就业情况、清楚诉求愿望。对于退休老党员、在职党员等群体，谁有哪方面的特长、有什么资源，她也都掌握。

“社区工作接地气才能冒热气，这就要靠我们与居民打成一片。”绳桂玲认为，惟有腿勤嘴勤，深入居民之中，才能获得居民信任，也才能开展好工作，做到底数清、情况明。

离居民多近，对居民就有多亲。高龄老人邢阿姨手术后生活无法自理，绳桂玲自愿当起了“女儿”：垫付挂号费、检查费、坚持4个月每天为住院的老人送饭。疫情防控期间，她组织社区党员、志愿者，与空巢独居老人结对帮扶，实行“每天一面”制度。每天不管多忙，她都定好闹钟，按时给老人打电话或上门探望。

绳桂玲迎接境外返京人员，并送上亲笔家书

跟居民打成一片，就得站在对方的角度考虑问题。社区制作的便民服务卡，很多居民要用的时候找不到了，绳桂玲就让工作人员在卡片上打个孔，居民可以把它挂在钥匙上，既方便携带也容易找。

## 开拓新思路探索社区治理新路径

面对纷繁的社区治理任务，绳桂玲立足“创新”二字，不断探索更多的治理新方法。

社区公共绿地斑秃现象严重，绳桂玲带领社区党员开垦第一块试验田，推动“绿地认领”自管模式。截至目前，吉祥花园社区内130余块绿地，都有了“主人”。

北京实施生活垃圾分类之初，居民意识淡薄，绳桂玲大胆创新，发挥社区娃娃主力军作用，自2020年4月起，已有100多名小朋友建立了自己的环保台账，带动家庭生活垃圾分类。同时，策划“开箱有礼”换取环保袋活动，号召更多居民参与进来。

社区紧邻地铁站，流动人口较多，为实现房屋动态管理，绳桂玲牵头组织吉祥花园社区与周边多家共建单位签订共建协议，通过与中介对接，建立社区人口流动信息报备群，为社区居民创造良好的治安环境。

疫情期间，通过一次次“敲门”家访，社区人口数据进一步精准化。为巩固社区治理成果，绳桂玲跟地区社会组织的工作人员表达了自己的想法：“能不能设计一个人口数据管理小程序，方便社区实时掌握数据？”现在，小程序已经启用，还设置了生日提醒功能。

每当社区居民有人过生日时，社区工作者通过“敲门”、电话、微信、短信等各种方式，把生日的祝福和温馨的问候送到居民身边。“社区竟记得我的生日”“社区人情味真足”，居民的惊喜反馈就是对社区满满的好评。

吉祥花园的社区治理创新，还有很多。绳桂玲说，在这些年的工作中，居民们和社区的同事给了她足够的认可和支持，才让社区治理更“智慧”，所有成绩的取得，都不只是她个人的，而是大家的。

“这方面付出多了，那方面就付出少了。爱人常说我，‘回家走路用 10 分钟，你半个钟头也走不到。’说实话，这些年，我真是把感情全部投入在社区了，没有谁的事我没管过。”绳桂玲说，社区里的每一件事，在社区工作者眼里都是民生服务的大事。说到最后，绳桂玲还打趣道，“谁让我姓绳，我就是社区里的一根小‘绳’，一头系着居民，一头连着党和政府。”

## ◆记者手记

在对绳桂玲书记的采访中，她说的都是社区的事、居民的事，殊不知，她家的事也是一本难念的经。88 岁高龄的老母亲需要她的照顾；爱人身患尿毒症、心脏房颤，有 20 余年的糖尿病史……对社区老人之爱，却疏忽了自己的母亲；对别人的长期悉心照料，却难陪伴自己的爱人。绳桂玲说自己亏欠家庭太多，却还能坚守在岗位上，全凭自己对社区的感情，对居民的爱。因为她不仅是社区的绳书记、绳主任，也是社区居民的绳闺女、绳姐姐。

心有温度，行有力度。绳桂玲只是广大城乡社区工作者中涌现的优秀代表之一。新时代必定是奋斗者的时代，最美城乡社区工作者的先进事迹和奉献精神，将激励更多的社区工作者扎根基层，俯下身子，担当作为，开拓创新，为带领群众奔向美好生活而奋斗。

《北京社区报》2021 年 5 月 27 日

# 全力守护家园　赢来“非常满意”

郭　彦

顺义区空港街道吉祥花园社区是一个村居并存的社区，辖2080户、6000余人，其中出租户就占了758户。为了确保这个“大家庭”的安全，从2020年新冠肺炎疫情来袭之初，社区党支部书记绳桂玲就“绷紧了弦”，全力以赴扑在社区疫情防控岗上。

新冠肺炎疫情防控初期，绳桂玲和同事们在挨家挨户走访情况登记信息过程中，得知80多岁的王女士不慎摔倒，导致胳膊、胯部骨折，卧床难行。因情况特殊，绳桂玲入户查看了老人的状态，在征得同意后，利用自己从医院学到的康复手法帮助老人康复锻炼，同时把注意要点反复教给老人，并不断给老人加油、减压。当绳桂玲再次入户探望王女士时，老人特别高兴地告诉绳桂玲，自己可以动了。这次登门，绳桂玲还邀请做过核酸检测的志愿者一同入户，在全面消毒后，为老人义务理发。

2020年3月6日上午，当绳桂玲在小区门口“现场办公”时，一位女士为绳桂玲送上了一朵玫瑰花，提前祝她三八妇女节快乐。

来为绳桂玲送上祝福的是北京顺旅旅游文化产业发展有限公司的负责人，她表示自己见证了绳桂玲带领社区工作人员在抗击疫情期间坚守在岗的辛劳，希望在节日来临之际，以鲜花表达自己的感谢和敬意。带着企业送来的祝福，绳桂玲带队，为社区老党员、侨眷、空巢老人、志愿者、外籍人员、辖区企业女员工以及疫情期间积极配合工作的 100 余位女性居民，送去了灰色疫情阴霾笼罩下的一抹嫣红。

疫情相对平稳后，孩子们在家待不住了。绳桂玲依托新时代文明实践站，每周末给孩子们上一堂特殊的“社会实践课”。每周确定一天，让孩子们在家中收集对应的可回收物，并和家长们一起为家中的垃圾进行分类处理，将可回收物交给社区统一回收。这么一来，孩子们有事做，又加深了对垃圾分类的了解，可谓一举两得。这堂特殊的“社会实践课”颇受孩子们的欢迎，孩子们经常一大早就会到社区“交作业”，绳桂玲则会仔细检查孩子们的“作业”，并为他们送上奖励。

疫情防控期间，身在社区的绳桂玲从未放松，坚守抗疫一线。2020 年 12 月 23 日，北京市劳动模范名单公布，绳桂玲的名字赫然在列。对她所在的社区居民来说，这个荣誉可谓实至名归。

获得荣誉的第二天，与吉祥花园社区一路之隔的莲竹花园小区就发现了一例新冠肺炎确诊病例。来不及松口气，绳桂玲立刻带领社区党支部将打赢疫情防控阻击战作为首要任务，开展“1+5”工作法，通过“一个支部，五个专班”模式，多方统筹，共抗疫情。在她的带领下，社区组建了临时党支部，把社区党员力量集合起来，提供人力支持。“五个专班”中的集中隔离专班 24 小时待命，稳妥高效接送集中隔离人员，形成社区、酒店精准对接；居家服务专班化身社区“快递员”“外卖员”，为居家观察人员提供生活帮助，上门收取、集中处理生活垃圾；应急保障专班提前制定应急预案，张贴防疫海报，测温查“双证”，设置“一米线”……把每件看似零碎的工作交织成社区紧密的安全网；高龄核酸检测专班在园区移动办公，提前协助老人进行预约，推进检测工作高效完成；敲门行动专班则通过地毯式摸排，逐户敲门，精确掌握相关人员基本信息，建立完善摸底数据台账，确保高质量完成应检尽检的检测任务。

在持续抗击疫情的过程中，这位刚刚在岗位上度过51周岁生日的老党员嗓子都累哑了，却依然冲锋在前，坚守职责。1月14日上午，顺义区疫情防控工作相关检查组到社区收集民意，居民对社区一边倒“非常满意”的评价，让检查组成员感到意外并钦佩。而这对绳桂玲来说，便是最大的鼓励和褒奖。她说：“疫情防控虽然紧张忙碌，但是我们对社区人员数据的摸排更准确了，社区与每家每户的联系更密切了，居民对居委会工作更认可了，居民与居民之间互帮互助的氛围更加浓厚了，社区与共建单位的关系也更紧密了。在危机面前，大家激发出空前的凝聚力，这一切，都为我们未来做好社区基层治理工作奠定了基础，大范围推动了社区共建共享共治进程。那么难都过来了，现在更有信心了！”

《北京社区报》2021年1月15日

# 最美城乡社区工作者

ZUIMEI CHENGXIANG SHEQU GONGZUOZHE

## 刘娟

# 让每一个家庭都过上好日子

张路曦

20多年来，在鞍山市立山区灵山街道灵西社区群众的心里，她是社区患病儿童的“姥姥”、残疾女孩的“妈妈”、困难群众的“姐姐”、孤寡老人的“女儿”。

她，就是辽宁省鞍山市立山区灵山街道灵西社区党委书记、居民委员会主任刘娟。

刘娟在平凡的工作岗位上默默耕耘，无私奉献，先后荣获“全国三八红旗手”“中国好人榜”“辽宁省优秀党务工作者”“辽宁好人·时代楷模”等70多个荣誉称号。2017年当选党的十九大代表。在近日中央宣传部、民政部发布的10名“最美城乡社区工作者”先进事迹之中，她赫然在列。

1998年春，刘娟随丈夫工作调动落户鞍山。“上级要检查，改天再来落。”工作人员一句生冷的话，让白跑了3次腿的刘娟心更凉了。几经波折才办成落户的这次亲身经历，让刘娟深切感受到：群众的事儿千万不能推，推一次心里就凉一次。刘娟暗下决心，假如有机会能为群众服务，一定要尽心尽力，带着感情做，做出感情来。

落户鞍山之后，刘娟凭着“辽宁省新长征突击手”“辽宁省劳动模范”两块“招牌”，到立山区委毛遂自荐，成为一名社区工作者。1998年4月，刘娟被任命为辽宁省鞍山市立山区灵山街道灵西社区党委书记、居委会主任。

如何把一个问题多多的“老大难”社区，带上平安、和谐、幸福之路，成为刘娟最大的梦想和最高的追求。

饮水方知开源难。刘娟经过深入群众、周密调查，发现灵西社区有2栋有着鲜明时代特色的“五七楼”，房屋年久失修，破旧不堪，600多户居民盼改造望眼欲穿。小区里的路面都是由炉渣铺垫的，晴天一身灰，雨天一身泥。楼道里酸菜缸、杂物柜等零七杂八的各种废弃物件，塞满了半边过道，上下楼只能侧身而过。楼前公共绿地，成了张家的菜园子、李家的小卖部、王家的修理铺……社区治安环境不好，打架斗殴、小偷小摸时有发生。刘娟决定，以规范社区生活秩序、改善居民生活环境为抓手，首先要进行社区治理。

社区党委会上，刘娟把想法一亮，委员们纷纷摇头叹气，劝她不要贸然捅这个马蜂窝，以免激化社区与居民之间的矛盾。刘娟心里有点懵——改善社区生活环境是为居民做好事，咋还能激化矛盾呢？听完大家介绍情况后，刘娟动情地说：“做群众工作，要耐心细致，咋呼不得，忽悠不得，一定要真诚实在。为群众着想，解决群众面临的最紧迫、最烦难的问题，就是要从难处下手。我们不要怕捅‘马蜂窝’，怕捅‘马蜂窝’，就搬不掉‘马蜂窝’，问题也就永远得不到解决，久而久之，就会伤了群众的感情，失去群众的信任。”

那些天，刘娟带着 600 多张写有自己电话的小纸条，挨家挨户到居民家中晓之以理动之以情，谈规范社区生活秩序、改善社区生活环境的重要性。几天走下来，刘娟碰了一大堆“硬钉子”：

——爱管闲事的话，就把社区改造好，让百姓住得舒坦；

——给楼房通上燃气，让百姓摆脱用液化石油气罐做饭的麻烦；

——把社区的路修好，让居民出行方便；

——为老百姓多想想，怎么让下岗的有个工作，让生病的有钱治病，让孤寡老人、残疾人员、流浪孩子生活有着落，不要紧盯着一些鸡毛蒜皮的小事儿不放……

原来，居民心中的这些“老大难”，年年反映，年年依旧，居民与社区之间互不信任，心中早已打下了厚厚的“心结”。

◆ 刘娟组织社区群众庆祝新中国成立 70 周年

居民代表大会上，刘娟代表社区党组织向大家检讨，然后深深地鞠了一躬！她把群众反映的100多条意见、建议和诉求，一一列出解决时间表，打印在纸上发给大家，恳请大家支持并监督，积极配合社区把这些“老大难”问题解决好。

刘娟毅然决然踏上了改造灵西老旧小区的征途。

在刚开始的4年多时间里，刘娟骑着自己的“专车”——一辆破旧的小型电动车，奔波往返于市、区有关部门之间，以磨破嘴皮、踏破脚皮的韧劲，向相关负责人讲述灵西社区居民的困难与期盼，倾谈自己的心愿与打算，以争取有关部门的理解与支持。“那些日子，虽然吃了不少闭门羹，跑了不少冤枉路，但看到下岗再就业一条街开业时，居民脸上露出的笑容；看到社区被列入市、区两级改造项目的消息传来时，居民们脸上洋溢着的那个高兴劲儿，我现在想起来，都抑制不住内心的激动。”刘娟如是说。

为了灵山地区的老百姓冬天不再挨冻，刘娟多次找供暖公司领导，反复争取，多次协商，供暖公司最终决定投资80余万元，对灵山社区的供暖管线进行全线大修，困扰社区多年的供暖问题得到彻底解决。管线问题解决了，缴费难题又摆在眼前。多年来，灵山社区的取暖缴费，居民都得跑到市里去办理，路途较远，往返不便。为了从根本上解决灵山社区居民缴费难问题，刘娟经过多次努力，反复争取，最终使得集收费、报修等多项职能于一体的综合服务中心，于2019年6月成功地进驻了灵西社区。服务中心营业当天，在收费大厅，前来缴费的居民们，纷纷竖起大拇指，由衷地夸赞：“刘娟可真是咱老百姓的贴心人！”

2009年1月，年仅8岁的小百惠被确诊脑瘤，孩子的母亲患有严重的精神疾病，父亲下岗，家里几乎没有任何积蓄。刘娟得知后，急忙赶到他们家，小百惠抱着刘娟的腿喊："姥姥，救救我吧，我想活着，我想读书。"看着小百惠企盼的眼神，刘娟心酸得掉下泪来。她把小百惠紧紧搂在怀里说："孩子，你放心吧，姥姥一定找最好的医院，治好你的病。"

刘娟回家后彻夜未眠。第二天一早，刘娟以"救救我吧，我要活着，我要读书"为题，动员全社区群众，为小百惠捐款。不到半天，就筹集到 5 万元。可手术费加在一起得 10 万元，还差 5 万元怎么办？刘娟对小百惠的母亲说："你们先拿着这 5 万去给孩子看病吧。剩下的我再想办法。"刘娟知道，按照社区居民的生活水平，能捐出 5 万元，大家已经是尽全力了。再让群众捐款，她自己都觉得不好意思再开口了。她说："哪还有什么更好的办法呀？只能做做家人的工作，从准备给儿子结婚的钱里拿出 5 万，凑上小百惠的医疗费。"

如今，小百惠已经上大学了。她自拍视频深情地对刘娟说："姥姥，是您给我第二次生命，我今后一定要好好孝敬您，照顾您慢慢变老。"

智力障碍女孩小丹出生不久，她的父亲就离家出走了，母女俩靠低保和捡破烂过日子。更为不幸的是，小丹的妈妈在 2009 年 2 月也突发疾病去世了。当时小丹才 19 岁，突然之间无依无靠了。这时候，刘娟来到孩子面前说："去我家吧，给我当女儿。"一听这话，虽然小丹智力存在障碍，但本能感觉到了至亲的温暖，马上对着刘娟喊出："妈妈！"她开心地逢人就说："我又有妈妈了！"从这一天起，小丹成了刘娟家中的一员。白天刘娟把她带到社区，教她行为举止，教她看书写字，教她怎样使用电脑。晚上回家在一起共同生活。

刚到刘娟家的几个晚上，小丹把刘娟家里搞得乱七八糟。她抢电视要看动画片，家人看不上新闻。吃饭时，小丹用筷子在菜锅里乱搅，不爱吃的菜嚼一口又吐回锅里。刘娟的家人受不了，对她说："求你晚上别再领她回来了！"家人的不理解，让刘娟暗暗落泪。小丹不解地问："妈妈，你为什么哭？"刘娟说："因为你没有了妈妈，我也很早就没有妈妈了。现在，我就是你的妈妈，孩子，你能不能把身上的小毛病改一改，给妈争口气。"

经过一段时间的共同努力，小丹逐渐改掉了身上的不良习气。刘娟和家人每天晚上教小丹做一些零活，吃饭时一家人互相谦让，看电视时交替观看，睡觉时刘娟和小丹一个卧室，丈夫与儿子一个卧室。虽然不大方便，但一家人相处得很好，一个其乐融融的"四口之家"，就这样建立起来。孩子越来越懂事，越来越招人喜欢，刘娟逢人便讲："我又多了一个女儿。"

有一次，刘娟跟儿子闲聊天，儿子让她别干社区那些事了，说她身体不好，岁数也大了，那么累，为啥呀。她说："儿啊，灵西社区就是一个大家庭，社区居民就是咱的亲人，亲人有困难，帮他一把不是应该的嘛。况且，妈是愿意干这活，只要我爱干，就能享受到快乐；我快乐，就会健康。儿子，你就别老拦着我了。"

2020 年年初，一场突如其来的新冠肺炎疫情，给人们的正常生产生活带来了严重影响。为了尽快提振社区经济，刘娟琢磨着，灵西社区要创新社会治理，建设成为服务型社区，以促进社区的和谐稳定。

但是，离开经济的发展很难谈服务。只有社区有所创收，才能更好地为居民服务。因而，要探寻一条以壮大社区经济为牵引，从而反哺社区治理工作的新路子。

怎样才能更好地在社区养老？这是刘娟在多年社区入户走访调研中所重点关注的问题。同时，这也是社区里的老年人和年轻人共同关注的话题。所以刘娟下决心要在灵西社区搞个养老服务站。她深知，不创新没有出路，不发展没有活路。建养老服务站的最大难点，就是协调房屋和资金问题。如何把灵西社区附近的长期闲置房屋的“一潭死水”，变成拉动社区经济发展的“源头活水”？

经过多次与市委、市政府及住房和城乡建设局等一些机构协调，市政府同意把灵西社区附近长期闲置的房屋，交由灵西社区管理使用。但这些房屋都是毛坯房，窗户和门因时间过久已经破损。刘娟带领社区员工，积极与鞍山市的一些企业和社会组织广泛沟通，寻求赞助。大家找来相关部门给安装监控，拉来有爱心的社会组织装修房屋，“拐”来企业赞助电视、床铺……

刘娟终于在灵西社区建起“依托家”老年助养服务站和“颐和家”老年康养服务站。刘娟介绍道：“二者分工不同，前者面对生活不能自理的老人，提供居家式服务；后者针对身体有康复需求的老人和残疾人。”有了“依托家”和“颐和家”，老人们随时可以在小区里活动，或者找老朋友谈天说地，不用出门，就能享受到自助点餐、送餐，上门打针、配药，志愿“一对一”对口帮扶等周到贴心的服务。

刘娟创办的“溢香家”，为灵西社区贫困家庭纾困，发挥了不小作用。“娟子”牌饺子是“溢香家”的招牌，每天卖 200 来斤还是

◆ 刘娟参加志愿者无偿献血

供不应求。如果要扩大生产，就需要更多的能工巧匠。刘娟首先想到的，是社区里的巧媳妇们。她们大都是社区的低收入人员，通过包饺子，社区会往她们的“绿卡”里充积分。一天下来，每人 800 积分，就相当于 80 元钱；挣来的钱又可以在社区内各服务站及连锁超市内消费。

从 2020 年 3 月 9 日至 5 月 28 日，刘娟通过与企业和社会组织（各行业协会）协商，带领社区人员以“雷神山、火神山”的速度，建起了“依托家”“颐和家”“怡乐家”“益康佳”“谊笑家”“溢香家”“逸泉家”等，集养老、医疗、衣、食、住、行等功能于一身的 7 个特色化产业服务站。

灵西社区党委通过创新社区发展模式，不仅拉动了社区就业，激活了社区消费，还增加了社区的经济收入；更重要的是辖区内的每一个社会主体都收获了荣誉感、获得感和幸福感，从而更加自觉地参与到社区治理的各项工作之中，实现了社会治理效益和经济效益双促共赢。

光阴似箭，岁月如流。一晃 23 年过去了，刘娟凭着她的“头雁效应”“公仆情怀”，带领灵西社区的全体员工和广大群众，把灵西社区从过去的鞍山“北大荒”，建设成为现在斩获 85 项荣誉的标杆社区。刘娟欣慰地对记者说：“对于党员干部来说，老百姓的事就是天大的事，只要群众脸上挂着笑容，我们苦点累点不算什么。”刘娟最大的心愿就是，让灵西社区每一个家庭都过上好日子！

《中国社会报》2021 年 4 月 28 日

# 巾帼心向党　奋斗新征程

刘　娟

我在社区里有很多的“亲戚”，残疾孩子唤我“妈妈”，孤寡老人叫我“女儿”。事情还得从23年前说起，1998年我走上社区这个岗位，让我直接接触了老百姓。当时的灵西社区可以说是老年人多、残疾人多、低保户多、下岗职工多等“七多”社区。

刚到社区的时候，为了尽快掌握社区居民情况，我用600张小纸条敲开了每家每户的门。当我发现有那么多的老人需要我们去照顾，还有那么多的残疾儿童需要关爱，我就暗暗下定决心，一定要帮助他们走出困境。

这些年来，在各级党组织的正确领导下，在全体党员和群众的积极参与和支持下，我们社区建了很多的“家”，有养老、托幼，也有便民的，实现了“十分钟生活服务圈”，让居民在社区这个大家庭里能够快乐、美满、幸福地生活。我们的社区也成为全国先进基层党组织、全国文明和谐社区。

社区环境变美了、治安变好了、社区居民笑得是那样的幸福，特别是残疾孩子能够在社区大家庭的关怀下健康快乐成长，他们在不同的岗位上实现了自身价值，这是我最欣慰、最高兴的，也是我在社区工作 23 年来最大的收获。

新冠肺炎疫情防控期间，我们和老百姓干在一起的滋味是甜的、无价的，也让我们社区工作者在抗疫中实现了人生价值。

对于社区工作者来讲，我们的初心和使命就是全心全意为人民服务，从群众关心的事情做起，做到群众的小事儿不能放过、群众的急事儿不能放缓、群众的难事儿不能放弃，让居民过上好日子，听党话、跟党走，紧紧地团结在党的周围。

《中国妇女报》2021 年 6 月 16 日

# 群众满意，是工作的第一标准

刘 放

才下领奖台，又进百姓家。

刚获得全国“最美城乡社区工作者”称号的鞍山市立山区灵山街道灵西社区党委书记兼主任刘娟，转身又扎进了社区居民家里。

采访刘娟的过程，一次次被手机来电打断，电话中，有找社区帮忙的，有问政策的，有反映问题的……“有的问题能马上解决，有的问题我们就得找相关部门帮助协调。”刘娟说。

刘娟总是随身带三样东西：手机、笔和本。手机不离身，是因为总有居民要找她，居民的难题和诉求她随手记在本子上，办成一件事她就会在本子上划掉一个。

“现在有了网络管理平台，我这‘老三样’可以退休啦！”刘娟对正在使用的社区治理线上网格管理平台赞不绝口。社区治理线上网格管理平台的监督指挥系统，与鞍山市网格化管理和服务指挥平台联网，每名社区干部的手机与系统连接。

社区居民发现任何问题，都可以第一时间通过手机上传管理平台。除了“智能网”，还有社区创新推出的“助福卡”。“如果你是参加社区义务服务的老党员、志愿者，持卡在社区服务站等处消费，都能打折优惠。”“助福卡”一推出，就在社区居民中引发了热烈反响，大家纷纷主动要求参加社区的公益活动。

智慧管理模式让社区服务居民变得更高效、更便捷，提高了居民的获得感、幸福感和安全感。

社区不仅要智慧，更要宜居。

大到养老，小到洗澡，这些事都装在刘娟的心里。经过刘娟和同事的不懈努力，灵西社区居民生活三项大工程——建造社区养老院、大食堂和大浴池，如今都如期完工投入使用，并起了好听的名字——颐和家、溢香家、逸泉家。

社区养老院共有 52 个床位，配套了食堂和浴池。如今，很多社区退休居民、老住户搬进了养老院，2021 年春节大家聚在设施齐备的养老院里，许多老人激动得哭了……

“我家就在这附近，现在年纪大了，上下楼不方便。就和老伴搬到养老院来了，不仅每天三餐解决了，平时出门还能看到老邻居，一点也不孤单。”老人任秀梅对记者说。

“咱们社区老人习惯了在社区生活，有的儿女要把他们送到养老院或者接到自己身边，他们都不愿意，现在有了社区养老服务中心，不仅有人照顾，还不用离开自己熟悉的地方和老邻居，大家都高兴坏了。”刘娟介绍。

“社区工作就是群众工作，要真诚实在，要想尽一切办法帮居民解决问题，只要他们满意，我们那点辛苦就都不算啥啦！”刘娟说。

《辽宁日报》2021 年 4 月 29 日

# 最美城乡社区工作者

ZUIMEI CHENGXIANG SHEQU GONGZUOZHE

## 窦乃兴

# 让村民们品咂到幸福的滋味

赵晓明

点开窦乃兴的微信朋友圈，绿油油的菠菜、红彤彤的小萝卜头、黄澄澄的柿子椒，让人垂涎欲滴。这些大棚蔬菜，承载了黑龙江省海林市海林镇蔬菜村村民奔向美好生活的希望。

村党委书记、村委会主任窦乃兴，荣膺全国劳动模范，黑龙江省优秀共产党员、百名好支书标兵等多项荣誉。最近，又捧回了中央宣传部、民政部授予的“最美城乡社区工作者”光荣称号。

几十年来，正是在窦乃兴带领下，6000多名蔬菜村的村民，在海浪河这块富饶的土地上，耕耘着梦想，收获着希望，成就了“海林第一村”。

## “蔬菜村”拉动“幸福村”华丽转身

幸福是个啥滋味？

改革开放初期，蔬菜村还叫幸福村，高中毕业的窦乃兴是村里的团总支书记、民兵连长。回忆起那段日子，窦乃兴有点羞涩："人多地少，大家收入低，离幸福还有那么点距离。"

村里虽不富裕，但粮食不缺、菜不缺，家家户户都有菜窖。"随便在地里种点菜，足够一家人吃的了。"窦乃兴告诉记者，有些村民脑子活，就多种点菜，等收获的时候推到市场上卖点钱。

窦乃兴盘算着，这也算一条不错的出路。可仔细一算账发现，夏、秋季蔬菜大量上市，卖不上价，有些甚至卖不出去。去掉种子钱、化肥钱，也就堪堪持平。换句话说，忙活了一年，收成却不咋地，没见着啥闲钱。

那会儿，村"两委"干部时不时就聚到一起，为致富想辙。发展产业、劳务输出、土地种植，一项项提议刚提出，就被各种各样的原因否决。

不少村民觉得，能不能用东北得天独厚的土地资源做文章？看着农场大片的玉米、大豆，大家很是羡慕。可村"两委"干部一合计，发现此路不通：村子邻近城区，人均耕地还不到两亩，光靠玉米、大豆、马铃薯，也就刚够温饱，"小康"想都别想。

1986年，28岁的窦乃兴被推选为村党总支副书记、村委会主任（当时叫生产大队长）。上任后，窦乃兴一直琢磨，怎么才能带领村民致富，让村民也体验一下幸福的滋味。

看着眼前的沙土地，窦乃兴觉得，村民们用土地做文章的想法没错，但方式得转变一下。露地蔬菜卖不上价，那冬天呢？在数九寒冬，吃上一口绿油油、清脆爽的蔬菜，那又该是个啥滋味？能卖不上价，能不挣钱？

在海林的冬季，要想种出新鲜的蔬菜，那就得建蔬菜大棚。"将来，在大棚里种菜，准能有个好收成。”窦乃兴跟村民们说。

一小部分村民已经开始建温室搞冬季韭菜生产，但规模小。“要技术没技术、要钱没钱，还想搞更多棚室，很难！”建蔬菜棚室的想法刚提出来，便遭到了不少村民的质疑。

彼时，窦乃兴已经把亲属、部分党员和自家生产的冬季蔬菜卖到了牡丹江市、哈尔滨市等地，尝到了蔬菜种植、经营的甜头。可窦乃兴也知道，强扭的瓜不甜。要想让全村人一起建大棚、种蔬菜，不是一件简单的事儿。

磨破嘴皮子，不如干出个样来。从村民们的质疑、村干部的讨论中，窦乃兴觉得，还是要让村民看到实实在在的成效。

说干就干。窦乃兴鼓励蔬菜种植户和党员在自家地里率先扣棚，地膜防寒、夜间生火炉加温，忙得不亦乐乎。棚外，寒风呼啸，雪花飘飘。棚内，一茬茬绿菜长势喜人，大伙心里乐开了花。

虽已过去了 30 多年，但说起第一次带着党员们一起扣棚种菜，窦乃兴依旧有些兴奋：“第一茬绿菜卖出了大家意想不到的高价。”

让窦乃兴更高兴的是，组织菜农成立了绿缘蔬菜专业合作社，解决了部分菜农不懂技术，选择蔬菜品种和销售的难题。就这样，窦乃兴走进了村民的心里：“这小伙，办事还真成。”

为了让菜农种菜享受幸福，幸福村经民政部门批准，更名为蔬菜村。更名后，村“两委”更加坚定了发展蔬菜产业的信心，并加大支持力度：凡是统一标准、同一时限内建起 20 栋以上棚室，每个温室给 1.5 万元、大棚给 5000 元的补贴。同时，由村集体出资、引资建设棚区的主要水、电、路、桥等基础设施。

20 多年过去了，窦乃兴的愿景初步实现：小小蔬菜村，陆续建起了 3100 多栋蔬菜棚室，成为远近闻名的“菜篮子海洋”。

为了拉动周边蔬菜产业发展，蔬菜村召开蔬菜产业发展推进表彰大会，举办蔬菜种植培训班。一时间，周边村子发展蔬菜种植的劲头十足。

“窦书记，把技术教给外村人，他们抢咱们村的生意，咱们的菜卖不出去，咋办？”对窦乃兴的做法，不少村民表示不理解。

“别着急，咱慢慢说。”窦乃兴耐心地解释，“蔬菜种植需要产业化、规模化，外地客商来拉蔬菜，肯定希望一次装满。咱们周边都发展蔬菜产业，打出名气了，外地的客商越来越多，咱们的蔬菜产业就更好做了。”

## “窦小抠儿”和“大方人儿”的矛盾集合体

捧回一个又一个奖杯、奖状，获得一个又一个荣誉，可在蔬菜村上了年纪的老人心里，窦乃兴还有一个更加响亮的名号——“窦小抠儿”。

蔬菜村的老干部们还记得，创业时的窦乃兴是真“抠”：村委会的笔没水了，从来不舍得买新的，换个笔芯，接着用就是了。

海林市冬季寒冷，供暖从 10 月 15 日早早开始，来年 4 月 15 日结束。可窦乃兴硬生生给蔬菜村“两委”办公楼改了规矩：11 月初开始供暖，3 月末就停了，能正常办公就行。“一吨煤一千多块，少烧 1 个多月，能省下两三万块呢。”窦乃兴告诉记者。

多年前，村集体有一处位于黄金地段的旧厂房，被某单位看中，愿意出资 30 万元买断开发农贸交易市场，后又涨到 50 万元。可窦

◆ 窦乃兴（右三）带领蔬菜村党委谋划城乡一体化新村建设项目

乃兴的“抠劲”犯了，坚决不同意：“要么合作开发，要么免谈。”

不少村干部摇摇头：“旧厂房放着也是放着，产生不了啥收益。哪怕买断了，这 50 万元的价格也真不低。”

可窦乃兴觉得，不能鼠目寸光，更不能做“一锤子”买卖。真要卖了，以后很可能就坐吃山空。再说，村里也没私卖公产的先例。

最后，对方只得同意和村里合作建市场。蔬菜村出场地、对方投资 83 万元建成了 1000 平方米的新兴农贸市场，双方财产分红、折股各半。市场投入使用后，村集体每年都得到了分红。

2008 年，新兴农贸市场需要投资重建，合作方自愿退出。蔬菜村追加投入，重新建设 2200 平方米的高标准市场。

那年，窦乃兴和村“两委”干部们一起，仔细一算账，都乐坏了：该市场的产权房屋作价 2000 多万元，扣除总投资和退股的 400 万元，集体净剩资产 1600 多万元。

如今，新兴农贸市场每年收益几十万元。“这就是一只下金蛋的母鸡。”村里人都这么说。

窦乃兴告诉记者，要想过好日子，不精打细算不成，不该花的钱决不能花。不过，在村里的蔬菜种植户和年轻人眼里，窦乃兴却是个“大方人儿”。

“动辄几个、十几个蔬菜大棚，跟几个村民小打小闹露天种植不是一个路数。”窦乃兴笑着告诉记者，大棚蔬菜科学种植，不出点血、不大方可不成。

据村党委副书记康伟介绍，配套设施要跟得上，修筑河堤路等多条农田路，安装7座变压器，打机井、铺设供水管道，甚至桥梁涵洞都要到位，方便蔬菜种植、运输。

光西红柿就有十几个品种，哪个口感更好、抗病能力更强、更耐储藏和运输？“不花大精力研究这些，想做大做强，门儿都没有。”窦乃兴说。

在蔬菜村，信息中心、科技档案室、图书室随时对全体村民开放，有什么疑问，都可以在其中搜寻解决问题的办法。

最近，村里邀请农业专家前来讲课培训，村民于云松带着一棵西红柿秧就来了：“老师，您给看看，这坐果率怎么这么低？出了啥问题？”

这样的场景，在蔬菜村很常见。在窦乃兴的带领下，村里时不时邀请国内外农业专家开展蔬菜种植、新品种引进推广、病虫害防治培训，现场解答村民的问题。渐渐地，全村几百家蔬菜种植户，家家都有一个科技明白人。

艰苦奋斗永远不过时。在村“两委”例会上，窦乃兴多次跟村干部交心谈话：管好一个村，与管好一个家，有很多相通之处。别看蔬菜村现在有了一定的积累，可村干部要是大手大脚、铺张浪费，用不了几年，就把“偌大家业”败没了。同时，钱该花也得花，要花在刀刃上，不能“省了一把盐，酸了一缸酱”，要让村里的日子越过越红火。

## “小本本”到“大盘子”的红火日子

采访窦乃兴时，每隔几分钟或十几分钟，窦乃兴的手机铃声便会响起。窦乃兴告诉记者：“蔬菜村 6000 多人呢，需要处理的事儿太多。手机就没个清闲的时候。”

“村民的事就没小事儿，处理不当很容易变成大事。平均下来，每天得处理两三件。”窦乃兴告诉记者，面对事多事杂的现实情况，自己养成了记笔记的习惯。村里的大事小情、村民的诸多诉求和办理情况，他一件件都记在笔记本上。

从 1986 年至今，窦乃兴的笔记本已经积累了 40 多本，厚厚一大摞，整整齐齐地放在办公桌上。闲暇时，窦乃兴便翻开笔记本，重温村里 30 多年的发展脉络。

翻开 2001 年的笔记本，看到调解村民矛盾纠纷的内容，窦乃兴感慨良多。那一年，蔬菜村慢慢走向正轨，可乡镇的自然村合并，让窦乃兴肩上的担子骤然重了许多。

2001 年，原新合乡福利村、良种村合并到蔬菜村，福利村当时是海林市最乱的一个村，村民上访是家常便饭。

这个“大盘子”怎么谋划、怎么抓？

窦乃兴有点挠头。他告诉记者，利用1年多的时间，带领村“两委”干部挨家挨户上门走访。虽然早有思想准备，但大家还是吓了一跳：不大的一个村，居然梳理出200多件遗留难题。

利用多年积累的工作经验，窦乃兴和村干部们一起，按照从易到难的原则，一件件销号解决。对于复杂事项，积极协调有关部门，依法依规逐项化解，辛勤工作换来了村民对村“两委”的认可。

从日记中得到启发，窦乃兴特别重视档案工作。“工作开展有记录，可以减少很多矛盾与纠纷。”窦乃兴说。

有一次，村里的一位老上访户来找窦乃兴。因为征地置换等原因，这位村民家的宅基地没了，这在农村可是大事。窦乃兴多次到有关部门查阅档案，最终在档案的帮助下解决了这个历史遗留问题。

翻开窦乃兴的笔记本，一个个帮扶困难群众的案例跃然纸上。2013年7月，马上就要到雨季，窦乃兴和村“两委”干部商量，五保户赵庆武家的房子成了危房，是不是抓紧改造一下？

在短时间内，赵庆武家的房子改造完成，安然度过了一个又一个雨季。据村“两委”统计，为了帮助困难群众改造危房、发放受灾补贴，村里花了几十万元。

这些年，蔬菜村富裕了。看着城里的老人拿着不低的养老金，村里的老人们心里痒痒的。不少村民便跟村“两委”建议：咱们村也有钱了，给老人发点怎么样？

起初，村里定下为80岁以上的老人发放生活补贴。但近年来年龄门槛越来越低，从80岁到75岁，再到70岁，一直降到如今的65岁，每逢重阳节，村里便为700多位65岁及以上的老人发放生活补贴，每年发放近50万元。此外，组建老年艺术团、民乐队，丰富了村民精神文化生活。

多年来，窦乃兴忙里忙外，操持村里的大事小情。可家里大到买房，小到买家具，诸多事宜却都是妻子在操持。“蔬菜村就是你的家！”妻子如是“埋怨”他。

幸福到底是个啥滋味呢？在窦乃兴看来，幸福是白菜心里甜丝丝的味道，是草莓西红柿中酸甜可口的味道，是村民们致富路上开怀大笑的味道。“现如今，村里每年生产的蔬菜达到 1.2 亿斤，出口外销 8000 多万斤，产业收入年年超过 1 亿元。”说起村子里如今的光景，窦乃兴的话语中充满了自豪。他说：“我就想带着全村人过上好日子，让大家反复品尝幸福的滋味。”

《中国社会报》2021 年 4 月 30 日

# 窦乃兴：当“头雁”只为家乡更富美

刘晓云

他扎根基层，一干就是35年；带领村“两委”班子不断壮大村集体经济，把一个贫困落后村建设成一个名副其实的富裕村；

他近日被中宣部、民政部授予“最美城乡社区工作者”称号；

他就是把村民带上致富之路的“头雁”，海林市海林镇蔬菜村党委书记、村委会主任窦乃兴。

蔬菜村现有10个村民组、1935户人家、村民6873人，村里党员218名，是黑龙江省最大的行政村之一。因为有窦乃兴领头干，村集体资产积累达到2亿多元，年人均可支配收入2.9万元，这里成为省内村级蔬菜生产和出口大型基地之一。

## 脱贫致富的带头人

改革开放初期，蔬菜村名叫幸福村。由于人多地少，人均收入偏低，村民没有尝到“幸福”的滋味。

“1986 年我上任的时候蔬菜村是一个合并村，从集体经济来看，当时无论是增收还是发展都是比较滞后的。”窦乃兴回忆道，“村‘两委’班子经过反复研究，结合村的实际情况，确定了联营联建、引进新兴企业、壮大村集体经济的发展道路。”

“我出土地，你来建设”。在窦乃兴的带领下，凭借独特区位优势，蔬菜村依靠“借鸡生蛋”“筑巢引凤”联合建厂，逐渐实现了村集体经济的壮大。

1997 年，村里的一块厂房空地被一家公司看中，愿意出资 50 万元买断开发新兴市场。“当时 50 万元是个天文数字，诱惑巨大，但我认为不能鼠目寸光，顶着压力和对方商谈，坚持联营联建。发展到现在，扣除村集体投入、市场房屋等产权村集体净增值近 2000 万元资产，每年市场利税 50 多万元，当初的闲置资产下了金蛋。”

◆ 窦乃兴在查看出口西红柿长势情况

窦乃兴说。

“村里有钱了还不够，村民兜里也得有钱。我们村人均耕地不足2亩，怎么增收？”窦乃兴与村党委班子认真分析村里的优势、劣势。村里大片耕地都在海浪河两岸，沙土地生产的蔬菜果形特别好，含糖量也特别高，特别适合出口外销。村党委把富民兴村的主导产业确立在建设棚室种植反季节蔬菜上。

棚室种菜，初期投资大，村民们都比较犹豫。为做动员工作，窦乃兴嗓子肿得说不出话来，满嘴都是大火疱……

在风险、困难和顾虑面前，窦乃兴冲在了前头。他带领几名村党员干部，率先在自家地里搞起了棚室蔬菜种植，等到转春一算账，收益明显高于过去的种植方式。

身教胜过言教，村民们看到了实实在在的实惠，第二年一栋栋的蔬菜大棚在村里建了起来。蔬菜村的村民开始尝到了幸福的滋味。

## 谋划乡村振兴的有心人

窦乃兴带领的村“两委”班子并没有满足现有的成绩。经过认真考察研究，村里先后引进以色列、荷兰、美国等20多个国家和地区的蔬菜新品种；投资1000多万元，建成占地4.6万平方米蔬菜交易市场。在原国家工商总局注册了“威虎山”“海浪河”蔬菜品牌商标。现在，村里的蔬菜不仅销往南京、上海、广州等城市，还远销俄罗斯、日本、韩国等多个国家和地区，年出口外销8000多万斤，实现收入1.4亿元。

“我们现在只管把菜种好，运输和销售都不用操心，直接有大车来拉，然后外销。”老党员张建华介绍，现在她家4亩多地，一年收入10多万元。而在今天的蔬菜村里，这收入顶多算个中游……

蔬菜村富了，全村有标准化蔬菜大棚、温室3100余栋，年产精品菜1.2亿斤，产业收入超亿元，蔬菜专业户户均收入10多万元。村民们说：“现在的日子，才叫真幸福呢！”

## 情系群众的贴心人

蔬菜村作为黑龙江省最大的行政村之一，人多地少，2001年，原新合乡福利村合并到蔬菜村，原福利村是一个不稳定村，以前村民上访是常事。窦乃兴用了一年多时间，把村里200多件群众的烦心事梳理成册，一件一件妥善解决。

“在我眼里只要是村民的事就没有小事。”窦乃兴说，“好脑瓜子不如一个烂笔头子。我从1986年开始，就有记录的习惯，把老百姓找我的诉求，村里应该部署什么的工作，应该去解决什么问题，我都记着。”

在窦乃兴的办公桌上，最引人注目的是排放得整整齐齐的40多本日记。“我记了30多年日记啦！”抚摸着这些笔记本，63岁的窦乃兴自豪地说，村里30多年的发展脉络、大事小情，都在这些本本里，记得清清楚楚。

建省级村档案室，利用档案调处矛盾纠纷是窦乃兴做好群众工作的另一个秘诀。

如今在蔬菜村的档案室，存档近万卷册，每一份承包合同都留了底、有据可查。“我建议村干部们，一定要把档案工作抓好抓实，无论是壮大村集体经济，还是破解很多农村的难题，作用特别大。”窦乃兴说，“比如我们签订的合同、我们的土地、我们的资源，时间长忘了，一旦发生纠纷，或者出现什么任何想不到的问题，翻翻档案就能破解。”

他举例说，1995 年位于海林帐篷山下的滨绥铁路需扩线，征占村 1270 平方米土地，双方签订协议。后期建设方与蔬菜村发生土地地界纠纷，通过查找村档案，拿出双方当时签订的协议，及时化解了矛盾纠纷。

担任村党组织书记以来，窦乃兴把心全放在村里的事上。他身患多种疾病，但却 35 年如一日忘我工作。

“累并快乐着。”窦乃兴说：“乡亲们的认可，是我最大的幸福。”

“蔬菜村才是他的家。”妻子的“埋怨”道尽了一位基层工作者的辛劳和付出。

《黑龙江日报》2021 年 4 月 24 日

# 最美城乡社区工作者

ZUIMEI CHENGXIANG SHEQU GONGZUOZHE

## 华　磊

# “小巷总理”的青春故事

孟歆迪　曹继军

“我们的这位‘小巷总理’特别能张罗，组织的这些活动，让我们老人家都跟着年轻了！”黄阿姨对记者说。

黄阿姨嘴里的这位“小巷总理”叫华磊，是上海市虹口区嘉兴路街道瑞虹第一社区党总支书记。华磊1989年出生，2009年9月入党，同年11月参军入伍，退伍之后，扎根社区，成为一名“小巷总理”，至今已从事社区工作6年。

这位“小巷总理”的青春故事是围绕着1716户居民的家长里短展开的。对于华磊这个80后年轻书记而言，居民区的各项工作纷繁复杂，但她始终牢记，自己不是一个人在战斗，有效开展党建工作、把党员的正能量发挥出来，社区的各项事业一定能蒸蒸日上。依托家园党建机制，社区每栋居民楼都成立了党小组，让党的工作覆盖到每栋居民楼，保证了及时发现问题、解决问题。

瑞一社区是1998年建成的商品房小区，社区居民里老年人的比例比较高。针对社区老人的不同文化需求，华磊挖掘具有文艺特长的党员，组建了10余支文体团队：合唱队、旗袍队、西式排舞队、越剧沙龙、交谊舞队、摄影沙龙、读报组等，让老年人“越老越浪”，生活丰富多彩。有居民笑着对记者说：“我们社区晚会的精彩程度赛春晚呢。”

在这些团队中，华磊最牵挂的就是“快乐老宝贝”团队，这是一支由社区独居老人和纯老户组成的团队。华磊在平时走访社区独居老人时发现，老人们物质生活条件都比较好，需要的是精神上的温暖与关怀。看到这些情况，她心里有了主意，挖掘了社区达人黄阿姨担任组长，建立了一支“快乐老宝贝”团队，由黄阿姨带领“老宝贝”们每天两次定时定点健身。“我们团队年纪最大的89岁，还有坐着轮椅专门来用手一起跳操的，大伙现在风雨无阻，一天不锻炼就身体不舒服！”黄阿姨说。团队还践行“一个都不能少”的原则，平时哪位老人没来锻炼，团队成员便会上门探望关心；年长的老人去菜场买菜不方便，较年轻的老人便主动帮他们带菜；成员们烹饪的美食都会一同分享，形成了老人与老人间互助养老的新模式。

华磊还是街道垃圾分类志愿者团队的队长。她和队员们不定期组织青年宣讲团通过室内讲座、户外路演、快闪集市、小品演出等方式，进社区、进校园、进公园、进楼宇，开展分众化、有针对性的宣传。在部分小区设立“垃圾分类”青年志愿岗，团队成员积极走进小区，帮助社区共同推进垃圾分类工作。

面对来势汹汹的新冠肺炎疫情，华磊在接到疫情防控工作启动的命令后就立即投身疫情防控的阻击战中。她创新工作方法，制作防控疫情作战图，对重点国家、地区来沪人员进行循环排查，以四色标识实时更新每户情况，随时掌握每家动态。小区3个出入口、10个楼栋保证24小时值守，共排摸出近1000名返沪人员，为社区筑牢群防群控安全防线打下了坚实基础。当后期防控工作重点转为防境外输入时，她提出的境外回沪人员管理“预摸排—接人—入户—日常管理”闭环流程获得充分肯定，并在全市推广。

心有温度，行有力度，华磊正在用自己的实际行动践行着居民“守护人”的承诺。“我只是社区工作者中小小的一员，社区工作对我的成长起到了巨大的作用。我们的工作是平凡的，坐得住耐得住，就会发现这里也可以是青年人发挥自身价值的平台。”华磊说。

《光明日报》2021年4月22日

# 在弄堂里唱响青春之歌

张路曦

华磊，一名85后的上海虹口嘉兴“土著”，上大学时加入中国共产党，2009年11月投笔从戎，成为一名“世博女兵”。艰苦的军营训练，培养了她坚韧不拔、敢于拼搏的精神。2011年退役后，华磊投身社区工作。2016年起，担任上海市虹口区嘉兴路街道瑞虹第一社区党总支书记，成为名副其实的“小巷总理”。

记者问她，退役之后为什么选择到社区工作？

华磊爽朗地说：“两个原因。第一，我觉得社区工作离家很近。第二，我就在这里长大，我想用自己青春的力量为她回馈些什么。而且，我觉得社区工作虽然平凡，但只要能坐得住、耐得住，社区是一个大舞台，年轻人也可以在这方舞台上体现自我价值，发挥光和热。”

## “老宝贝”的“小家长”

瑞虹第一社区始建于1998年，属于商品房小区，常住居民

4000 余人，其中 60 岁以上老人超过 1000 人，老龄化程度较高。

在平时走访社区独居老人时，华磊发现老人们的物质生活条件无忧，但在精神层面亟须温暖与关怀，更渴望“快乐老年”。如何能够让社区老人们老有所乐、老有所学、生活幸福，一直是她关注的重点。

华磊从老人们的兴趣入手，先是挖掘社区健身达人黄阿姨担任队长，随后发动那些喜欢唱唱跳跳的阿姨走出家门，组建了一支由社区独居老人和纯老户组成的“快乐老宝贝”团队。

黄阿姨带领“老宝贝”们，每天进行 2 次定时定点的健身活动，践行“一个都不能少”的宗旨。如果哪个老人今天没来，其他老人就会一起上门去探望关心。年长的老人去菜场买菜不方便，较年轻的老人便主动帮他们带菜；成员们烹饪的美食也会一同分享，形成了老人与老人间的“互助养老”新模式。

◆ 华磊和“老宝贝”们一起参加英语沙龙活动

“快乐老宝贝”团队中有一位百岁独居老人林爷爷，子女都不在身边，只请了保姆照顾他的起居饮食。华磊便定期上门去走访，林爷爷百岁生日那天，华磊特地为他筹备了生日 party。当林爷爷看到生日会上还有外国人来参加，兴奋地说：“我都 100 岁了，年轻的时候还自学过外语呢。”接着，他就用英语跟外国人沟通起来：“I'm from Shanghai。”外国人一听很吃惊，继续与这位老人用英文聊了起来……party 结束后，老人开心地说：“虽然我年纪大了，但我还是会说几句英语的，对吧？”华磊笑着对他说：“您要晓得您是百岁老人，您的英语已经说得老好了啦！”林爷爷笑得合不拢嘴。

虽然大城市高楼林立，邻里来往少、关系淡薄，但华磊认为远亲不如近邻。年轻人到社区工作，不仅能给社区带来朝气和活力，还可以通过文娱活动，把叔叔阿姨们吸引进来，让社区更有温度，更加和谐。

瑞虹第一社区许多老人的子女生活在国外，无论出国旅游、探亲，甚至是与自己的孙辈交流，语言障碍成了大家的“心病”。华磊了解到邵老师是一位退休英语教师，就请她给社区居民教英语。没想到，英语班开课第一天就爆满。英语课程每周都开，久而久之，这些学员张嘴就能说几句英语，“老宝贝”们日渐自信。

华磊还根据社区居民的不同文化需求，挖掘出社区里具有文艺特长的老年志愿者，让这些老年志愿者带头组建了 10 余支文体团队，比如合唱队、旗袍队、西式排舞队、越剧沙龙、交谊舞队等。华磊还实施了社区的“老伙伴计划”，组织相对年轻的老人与耄耋老人结成对子，互相帮扶、互相照应。

这些活动的开展，不仅丰富了社区居民的日常生活，让老龄居民走出“个人小家庭”，融入“社区大家庭”，使他们老有所学、老有所乐，同时也成为社区党支部、居委会了解民情的重要窗口，并带动、影响了许多热心的老龄居民，积极参与社区事务。

## 6 个电表与一次急救

社区和谐是社会和谐的基础。华磊始终把瑞虹第一社区的安定和谐放在首位。

有一次，华磊在日常巡查中，得知有楼层发生用电跳闸。经过调查，发现一户居民家中私装了 6 个电表，存在转租和群租现象，有较大安全隐患。华磊当即联合物业先将该户的总电闸关闭，并联系房东要求及时整改。

当天晚上，喝了酒的“二房东”（转租者）拿着铁扳手，气势汹汹来到居委会找华磊，进门就嚷：“哪个是华磊？给我出来！敢把我的电给停了，租客都找我索赔来了。如果不马上给我恢复供电，这笔账就算在你们头上！”

社区工作人员跟他解释说：“你这个是群租房，私装电表存在安全隐患的。”正说着，不料“二房东”一扳手把居委会的办公桌和电话机砸坏了。

面对“二房东”的语言和肢体暴力威胁，华磊虽然有些心里打鼓，但依然有理有节地沉着应对。

华磊给“二房东”倒了杯水，说：“你不要急，有话好好说，暴躁解决不了问题。放心，供电我肯定要恢复，一会儿就找人帮你接通。现在，我们先好好谈一下这个事情，好吧？”她一边安抚“二房东”，一边给社区的工作人员使眼色。工作人员立马借机说去接通电表，实则出门拨打 110 报警电话。

警察到达现场后，华磊又向“二房东”说明了违规用电的安全隐患，告知其可以恢复用电，但必须把私装的电表拆除，整改到位。第二天，酒劲过后的“二房东”意识到自己行为不当，到居委会向社区员工致歉，并赔偿了损失。

2020 年的一天中午，华磊正在居委会值班，突然接到居民金女士的电话，说她老公今天本应正常上班，但打手机无人接听，打到单位询问，回答说是他未去上班。金女士怕出现什么意外，一时又找不到合适的人帮忙，只好向社区居委会寻求帮助。

华磊马上意识到事情的严重性。她说：“好的，没问题，我现在马上到你家去看看。但是得跟您说好，如果敲门没人应，我们就得找派出所登记过的锁匠来撬门，以免耽误时间出现意外。”

放下电话后，华磊匆忙带着社区工作人员赶到金女士家。敲门多次无反应，他们立马打电话给锁匠。房门一打开，她提心吊胆地一间屋接着一间屋寻找，最后发现金女士的老公躺在主卧室的地板上，已不省人事。

见状，华磊果断拨打了 110 报警电话，随后又拨通 120 急救电话，把金女士老公当时的“状态”作了如实报告。待救护人员和警察赶到，立即把病人送进医院，确诊为脑梗。医生说：“幸好抢救及时，没有生命危险。要是再晚些，人就可能没了。”

事后，金女士对华磊激动地说：“谢谢你们啊！我老公的生命才得以挽救！我都不知道该怎么感谢你们了……”

“社区工作看似不起眼，其实涵盖着社区居民生活的方方面面，直接影响居民生活的品质。而我们的服务，关系到社区每个人的幸福。这几年的社区工作使我深深领会到，正是有了社区工作者的默默付出，才使我们的社区越来越有温度、越来越有活力。”华磊感慨道。

## “四色地图”与“闭环流程”

“人口信息摸排、口罩登记、测量体温、运送物资、半夜去接境外回沪社区居民……方方面面工作都要做好，否则社区疫情防控有产生漏洞的风险。”提起 2020 年新冠肺炎疫情发生时那段经历，华磊记忆犹新。

瑞虹第一社区有 1700 多户居民，防控境外疫情输入任务很重。在华磊带动下，居委会干部和社区广大党员、外籍人士纷纷加入疫情防控志愿者队伍，保证小区 3 个出入口、10 个楼栋 24 小时有人值守。还要挨家挨户上门摸排社区外来返沪人员情况，共排摸出近千名返沪人员。

其中不少返沪人员是外国租户，有的外国人对排查工作不合作，甚至抗拒。如何才能顺利解决这个难题？

华磊灵机一动，社区平时经常搞一些志愿活动，华磊在某次活动中结识了一位居民曲姐姐。她是一位外语教师，老公是法国人，精通法文、英文和中文。疫情防控期间，因需要逐户摸排，经常会遇到向外国人询问，“你有没有出过国？”“你去过哪里？”“你从哪里来？”诸如此类。而外国人对这类询问是十分抗拒的。华磊就让曲姐姐邀请她的老公，抽时间来居委会为员工培训沟通语言技巧，用什么说话方式，怎么用词，才能使外国人愉快地接受沟通。

随着疫情防控的发展，嘉兴路街道防疫指挥部有了专业的外语沟通小分队，还专门设计制作了一套与外国人沟通时的标准话语。

华磊创新工作方法，制作“防控疫情作战图”，对重点国家、地区来沪人群进行循环排查，以红（即将从国外返沪人员）、粉（国内重点地区返沪人员）、蓝（无人居住）、绿（该户目前无异常）四色标识，实时更新每户情况，随时掌握每家动态。

作为属地化联络人的华磊，无论是深夜还是凌晨，只要一个电话，她就会迅速地回到工作岗位上。

当疫情防控工作重点转为防控境外输入时，华磊又带领社区工作人员，及时在社区建立境外返沪人员管理小组，并提出境外回沪人员管理“闭环流程”，即“预摸排—接人—入户—日常管理”。瑞虹第一社区的这套“闭环流程”管理模式，获得了国务院应对新冠肺炎疫情联防联控机制第六指导组的充分肯定，并在全市推广。

那时，瑞虹第一社区居民李女士要从英国返沪，其家人向居委会报备后，华磊及时跟李女士添加微信进行沟通：“您把航班号信息和住户信息告诉我，我先看下您是否符合返回社区的条件。”之后，华磊及时地把李女士的相关情况，向街道防控指挥部作了报告。

李女士乘机返沪后，根据疫情防控安排，从机场直接送到集中检测点进行核酸检测，结果为阴性，经排查后顺利返回小区居家隔离。当李女士在凌晨2点回到社区时，华磊早已穿好防护服，提前在小区门口等候。她交给李女士一个“社区温馨大礼包”，并叮嘱：

“里面有社区居委会、物业的电话，提示卡上写明了隔离期间要注意哪些问题，如收垃圾、拿快递、取外卖、饮食的日常保障、不可随意开门进出等等，你要仔细阅读。”

疫情防控以来，华磊带领社区工作人员点对点对接了100多位居家隔离人员，并关心他们的日常生活，让居民切身感受到社区的温暖。

上面千条线，下头一根针。社区的事情纷繁复杂，作为党委和政府联系群众、服务群众的神经末梢，要及时感知社区居民的操心事、烦心事、揪心事，一件一件加以解决。上海作为国际化大都市，居民普遍文化素养较高，社区居民的维权意识较强。有一次，华磊在小区走访时了解到，部分居民质疑小区池塘清理过于频繁，导致小鱼和水生物致死率高，容易造成生态破坏；也有居民认为池塘极易滋生细菌蚊虫，不常清埋会变“臭”，影响小区环境。华磊即刻召集居委会、业委会、物业相关成员和楼组长等开会讨论，根据社情民意，厘清实际需求，形成社区问题“体检报告”，并通过“全岗通”工作机制向有关专家和相关部门求教。此后，小区池塘清理即改变为根据季节变换实施日常维护和定期整体清理相结合的办法。此举得到大多数社区居民的认可。他们对华磊说：“不错啊！你们这个治理方案是有科学依据的，我们相信。”

春种一粒粟，秋收万颗子。华磊正是通过自己的不懈努力，先后获得了“最美基层高校毕业生提名奖”“上海市五四青年奖章”“全国抗击新冠肺炎疫情先进个人”等荣誉，近期又获得了中央宣传部、民政部发布的“最美城乡社区工作者”光荣称号。

结束采访时，华磊告诉记者，作为青年社区工作者，要为社区

华　磊

的创新发展奉献自己的力量。她表示，只有尽心尽力地为居民服务，让社区里的每一个小家庭感到幸福快乐，社区这个大家庭才会和谐融洽，城市的底色才会愈加温暖祥和，我们伟大的国家也才会更加繁荣富强。

《中国社会报》2021 年 5 月 26 日

# 青春绽放社区，邻里间近了亲了

周　楠

在虹口区瑞虹新城，时常可以看到一个美丽的身影。遇到年迈的阿姨爷叔时，她会停下来关切地嘘寒问暖；垃圾分类时，她身穿志愿者马甲坚持在垃圾箱房边驻守；疫情肆虐时，她的镇定自若和有条不紊，让居民们安下心来。

她就是“最美城乡社区工作者”华磊。31 岁的她，曾经当过世博女兵，退伍之后扎根社区，成为一名“小巷总理”，在社区大家庭中绽放青春，现为虹口区嘉兴路街道瑞虹第一社区党总支书记。

相比外表的青春美丽，在居民眼中，她的内在美更让人动容。

## 社区里的“快乐老宝贝”

在瑞一社区，有一支由社区独居老人和纯老户组成的“快乐老宝贝”团队，正是华磊牵头建立的。

初到社区，华磊在关心走访独居老人时发现，很多老人子女在国外、在外地，邻里间来往较少、关系淡薄，老人们物质生活条件不错，但其实内心很孤独，更需要的是在精神生活上的温暖与关怀。经过一段时间的了解和接触，华磊先挖掘出了热心的社区达人黄阿婆，由她担任组长，动员老人们陆续走出家门，逐步建立起“快乐老宝贝”团队。

每天，由黄阿婆带领“老宝贝”们进行 2 次定时定点的健身活动，践行“一个都不能少”的宗旨，平时哪位老人没来锻炼，团队成员就会上门探望关心；年长的老人去菜场买菜不方便，较年轻的老人便主动帮他们带菜；成员们烹饪的美食都会一同分享，形成了老人与老人间互助养老的新模式。

年逾八十的黄阿婆感叹：“年轻居委干部为社区带来了新活力！我是跟着女儿从外地来上海的，参与了‘快乐老宝贝’团队后，我们老人的日子过得特别充实开心，今天还在通知大家来插花呢。”

◆ 华磊组织社区团队开展“全岗通”议事协商

根据社区居民的不同文化需求，华磊不断挖掘具有文艺特长的党员。由他们带头，组建了 10 余支文体团队，如合唱队、旗袍队、西式排舞队、越剧沙龙、交谊舞队、摄影沙龙、舞蹈队、读报组、英语沙龙、足球队、篮球队等，丰富了社区文化，也拉近了邻里距离，更带动培育了很多热心居民参与社区事务。

## 守好疫情社区防控阵地

特别的 2020 年里，华磊度过了她特殊的 30 岁。瑞虹第一社区 1700 多户居民里，海归和外国人占有相当比例。新冠肺炎疫情一来，这里成了社区防控的重要阵地。

依靠家园党建，华磊发动社区党员、外籍人士等 50 余人加入疫情防控志愿者队伍，确保小区 3 个出入口、10 个楼栋 24 小时有人值守，共摸排出近 1000 名返沪人员。

面对繁杂的工作，她创新方法，制作防控疫情作战图，对重点国家、地区来沪人群进行循环排查，以四色标识实时更新每户情况，随时掌握每家动态。社区境外回沪的居家隔离人员比较多，为了让小区居民更加安心，华磊又第一时间组成境外人员管理小组，通过“预摸排—接人—入户—日常管理”的工作模式，对接回沪居民。

一部分外国住户对“隔离”颇有看法，华磊动员小区精通外语的外国志愿者和社区干部一起上门讲解规定和措施，事半功倍。与此同时，很多居民在回上海之前，华磊就已经和他们加好微信，保持沟通，关心他们在国外的情况以及回沪的航班时间，提前安装好门磁并和物业做好沟通，保持手机 24 小时开机。

境外返沪人员猛增的那段日子，小区仍井然有序：华磊将每一幢居民楼分给不同的党小组长，分头进行小区名册的核准；又安排40位党员志愿者精准看护、服务隔离家庭，点对点保障居家隔离人员的体温测量、送餐上门、垃圾分类……

有的居家隔离人员凌晨两三点回来，她就提前到小区门口迎接，把他们送回家，并把一系列要求和生活保障温馨提示一一告知。结束整个工作流程后，她回到办公室躺椅上稍稍休息一下，天亮了又开始一天的工作。

有位台湾老太太居家隔离，但不会用手机购物，心里很着急。华磊每天晚上与她沟通好吃什么，第二天早上上班之前，先帮老太太买好热腾腾的早餐，并给她送上门。就是这样，她尽心尽力地服务好居家隔离人员，并保障了小区的安全与平稳。

## 在这里绽放青春，让社区工作更时尚

尽管居委会工作看起来都是鸡毛蒜皮的小事，可居委会干部的责任心，也关乎居民生命安全。

一次，在防疫执勤的时候，突然有居民打电话给居委，称自己丈夫本应正常上班，但打手机无人接听，打到单位询问，回答说是他未去上班，居委干部能否到家中看下，实在不行撬门也行。华磊马上就意识到事情的严重性，立刻上门，在敲门没有反应后，立马找来开锁匠，并拨打110报警。

进门后，她发现这位居民的丈夫果然躺在地上，不省人事。她边拨打120送医，边确认居民情况。幸好因为抢救及时，这位居民得救了。

有责任心，也有新思路。年轻的华磊，也是嘉兴路街道垃圾分类志愿者团队的队长。为了能让垃圾分类“新时尚”变成大家的“好习惯”，她和垃圾分类志愿者团队的队员们不定期组织青年宣讲团通过室内讲座、户外路演、快闪集市、小品演出等方式进社区、进校园、进公园、进楼宇，开展如“瓶子菜园”“变废为宝”“极速前进”等分众化、有针对性的宣传活动。

她在小区设立“垃圾分类”青年志愿岗，带领团队成员积极走进小区，帮助社区共同推进垃圾分类。垃圾分类推行之初，不论刮风下雨，不管工作日休息日，她都带领青年志愿者们与居委会工作人员、楼组长一起入户开展宣传，向居民详细解释分类的好处和方法。之后，还坚持定时定点指导居民。

上海市民政局基层政权和社区建设处李玲玲表示：“随着上海近几年持续推进社区工作者队伍职业化专业化建设，吸引了很多年轻人进入社区，而华磊是这些年轻人中能够扎根社区、服务社区的优秀代表，她给老龄化的社区带来了年轻人的活力，也把专业化、智能化的方法带进了社区。我们希望有更多年轻人能投身社区工作，在这个大舞台绽放青春。”

《解放日报》2021 年 4 月 19 日

最美城乡社区工作者

ZUIMEI CHENGXIANG SHEQU GONGZUOZHE

# 林丽娜

# 被需要是一种动力<br>被认可是一种幸福

翟 倩

“她身上有股拼劲儿，做事情很有思路，我们跟着她干准没错！”

“是她让我们感受到了来自第二故乡的温暖。”

“她和我没有血缘关系，却比我的亲女儿还亲。”

……

在福建省石狮市湖滨街道玉湖社区，提起林丽娜，大家纷纷竖起大拇指赞不绝口。身为玉湖社区党委副书记、居委会副主任的林丽娜，与居民群众打交道28年，时刻以群众利益为先，敢想敢拼敢干，取得了一个又一个成果，因此也收获了一个又一个荣誉。前不久，中宣部、民政部发布了“最美城乡社区工作者”先进事迹，林丽娜名列其中。

## “为了居民的幸福，我带领他们奔小康”

1993 年，33 岁的林丽娜因做服装生意在当地已小有名气。她眼光独到，批发来的公仔服装转瞬间便销售一空。

可就在事业如日中天时，她的一个决定却让亲朋好友大跌眼镜——到玉湖社区当一名普通的社区记账员。

“堂堂一个大老板，怎么跑去社区当‘小工’？”说起当初的这个决定，林丽娜轻描淡写：“玉湖社区是我的家乡，之前我的成功离不开家乡人的帮助，现在能有机会为社区出点力，我愿意！”

此后，林丽娜将生意交给弟弟打理，一门心思扑在社区。

玉湖社区集体经济收入的主要来源是农贸市场的摊位出租。但

◆ 林丽娜走访社区农贸市场商户

农贸市场道路狭窄、商贩占道经营，导致周围的居民群众怨声载道，不愿意到农贸市场采购，“居民光顾少了，摊贩不愿意继续租摊位，集体经济收入必然受影响。”林丽娜看在眼里，急在心里。

有着商业头脑的她向社区“两委”提出建议：改造农贸市场，兴建批发市场。

意见一提出，立刻遭到居民的强烈质疑。“你一个记账员，怎么管这么多？”“这不是天方夜谭吗？批发市场是说建就建的？”“怎么扩建？钱从哪儿来？地怎么征？有那么简单吗？”

听着居民们的这些质疑，林丽娜非但没有打消念头，反而更加坚定了信念：“我一定要干出个样子给你们看看。”在社区“两委”的支持下，林丽娜一家一家地谈征地、找资金，甚至自掏腰包，支持社区进行市场改造扩建。从 1993 年到 2008 年建成，玉湖果蔬批发市场占地规模从 8 亩扩大到 60 亩，道路拓宽了一倍，成为整个闽南地区的果蔬集散地。

如今，每天凌晨时分，人们还沉睡在梦乡时，玉湖果蔬批发市场早已车水马龙、人声鼎沸，来自广东、海南、东北等原产地的大卡车满载各式果蔬驶入市场。这些新鲜的水果和蔬菜将供给 70 万新老石狮人和周边 200 万人口，并销往上海、杭州等地。“仅此一项，玉湖社区集体年收入从 8 万元增长至 2000 多万元，成为石狮市集体收入最高的社区。”林丽娜高兴地说。

这是一场硬仗，因为林丽娜的坚持，社区居民眼睁睁看着钱袋子鼓了起来，也认可了林丽娜的付出。2000 年，在批发市场初具规模时，之前质疑她的人请她出山，推荐她参选玉湖社区党委委员。“他们能来我家请我，就是对我的认可。我感动极了，当时就下定决心，一定会继续为居民服务，带着他们致富，带着他们奔小康。”林丽娜说。

在这次选举中，林丽娜成功当选社区党委副书记、居委会副主任。从此以后，她感觉肩上的担子更重了。

在日常走访中，她发现，素有“豆腐之乡”美称的玉湖社区，豆制品加工环境却非常恶劣。因石狮市城乡农贸市场销售的豆腐等豆制品都是私人小作坊出产的，加工场所狭窄、设备简陋、环境卫生条件差，食品安全存在隐患。针对这种情况，林丽娜于 2004 年又一次提出兴建豆制品加工基地，走工业化发展路子，规范制作工艺和流程，保证家乡百姓吃到安全卫生的豆制品。2007 年，由玉湖社区投入 1000 多万元的石狮市玉湖食品厂正式开业。小小的豆腐发展成产业，成为社区发展的又一收入来源。

## “居民安心一分，我心里就多踏实一点”

林丽娜很忙，熟悉她的人都知道，社区居委会办公室是找不到她的，“她不是在批发市场里，就是在社区里转悠。”

“居委会不需要给我设办公室的，整个社区就是我的移动办公室。”林丽娜笑着，她爽朗的笑容带给社区居民阳光与温暖。

居民王金团夫妇都是残疾人，育有两女一男，经济拮据，林丽娜在日常入户走访得知他家的情况后，便把这家老小记挂在心上，时常上门送钱送物，并帮助他俩向上级有关部门申请各种困难补贴，安排工作。后来，社区还承担了他们儿子从小学到大学的全部学费。王金团每当提到这些事情，总会说：“娜姐帮了我们大忙了。”

居民吴为法是一位孤寡老人，林丽娜主动将他列为自己的挂钩帮扶对象，把他当成父亲一样，跟他聊天、送生活费，换季时买新衣服和鞋子，陪伴了很多年。吴为法去世时，林丽娜以闺女的身份帮忙料理后事。

为了给更多社区居民，尤其是遭遇突发事故而陷入生活困境的困难群众提供保障，在她的大力倡导推动下，玉湖社区从 2004 年 12 月 25 日起开展“爱心日”活动，2008 年 9 月正式登记成立石狮市玉湖爱心慈善会，至今已举办“爱心日”17 年。

“娜姐是我们的好大姐，有什么困难向她反映，她都会竭尽全力帮忙解决。”这是玉湖社区居民的共识。

“娜姐，学校作息时间安排与我们家长工作时间不统一，孩子放学后总有一两个小时的真空期，怎么办？”在一次日常走访中，居民向林丽娜反映孩子放学没处去的问题。为缓解这一矛盾，林丽娜在 2014 年提出联合专业社工机构在玉湖社区试点开展“四点半课堂”免费托管服务。

“四点半课堂”刚开起来的那段时间，确实解决了居民的后顾之忧，可运行一段时间后，新的问题接踵而至：场地有限，资金和师资力量不足，不少社区参与筹办的“四点半课堂”处于歇业或半歇业状态。

“要办好社区‘四点半课堂’并非易事。”林丽娜经过深入调研和走访，2017 年以市人大代表的身份，提出了在学校设立“四点半课堂”的建议：“学生不用出校门就能直接参加‘四点半课堂’，家长也不用专门接送，大家省时省事；学校场地有保障、设备齐全、师资更好。另外，学校也可以通过购买服务等形式，丰富课堂内容，让孩子全方面健康成长。”

这份建议一经提出，立即得到石狮市委市政府的高度重视，当年就把在学校设立“四点半课堂”作为为民办实事进行落实推进，学校老师采取轮值制度，由教师志愿者、党员教师自愿报名参与的方式组建教师团队；由市教育、市总工会等单位拨发经费的方式解决资金来源。“只要孩子们安全，家长们放心，我就安心了。”林丽娜说。

2020 年，林丽娜已经 60 岁了，但面对突如其来的新冠肺炎疫情，她同很多社区工作者一样，连日奋战在疫情防控一线。她多方联系医药器材供应商，采购到一批价值 2.38 万元的防护物资，捐赠给石狮市总医院；她带领社区、志愿者携手多家爱心企业和机构，先后前往医院、交通卫生检疫点等，向坚守在防疫一线的医务人员、交警、社区工作者、环卫工人送去价值 10 多万元的食品和饮料；她组建疫情心理危机干预志愿服务队，开通疫情防控期间心理干预咨询热线，引导全市市民尤其是职工、青少年、家长们消除焦虑、恐慌心理，同心抗疫……

有人说：“娜姐，您已是耳顺之年，别这么拼了，能休息就休息一下。”她却说：“不用，这么多年都是这么过来的，我多做一分，居民就安心一分，我心里也就多踏实一点。”

## “被居民需要，就是我的动力和幸福”

在玉湖社区，林丽娜除了社区工作者还有另一重身份，那就是石狮市阳光太太志愿者协会会长。

说起协会的创办，林丽娜回忆，有一天，一家美容机构组织了一场讲座，讲座最后安排了一个募捐环节，捐助对象是一名得了罕见疾病的贫困外来务工人员。现场的太太们受到触动，纷纷慷慨解囊。

“这次经历让我发现，社会上还有那么多不幸的人，尤其是那些外来务工人员，在他们最困难、最需要帮助的时候，拉一把、帮一下，让他们能在异地站稳脚跟，我责无旁贷！”2006 年年初，林丽娜与其他太太自发组成了阳光太太亲善服务队，从刚开始的十几个人，到 2014 年年底服务队正式更名为石狮市阳光太太志愿者协会时，成员已近 300 人。

石狮市蚶江镇 58 岁的蔡秀宝曾有个幸福的家庭，丈夫吃苦耐劳，3 个孩子乖巧伶俐，可随着 9 岁的儿子突然发起高烧，出现精神障碍，逐渐失去行动能力后，这家人的生活一落千丈。大女儿和二女儿患上了精神障碍，丈夫在 2013 年患癌症去世。此后，蔡秀宝

林丽娜到孤儿院陪伴孩子们过生日

带着3个子女和14岁的孙子一起生活。

2014年，林丽娜带领阳光太太们开展“贫困老母亲”慰问活动时结识了蔡秀宝。“她家可以用家徒四壁来形容，满屋子都是一股怪味。”看着这个家庭，林丽娜心里久久不能平静，“我先帮着蔡秀宝将3个子女送到了厦门仙岳医院治疗，又把她处在叛逆期的孙子送到了惠安明德传统文化学校学习，一年后转入泉州中远学校就读，直到中学毕业，费用由我们负责。”

转眼几年过去了，林丽娜始终关心着蔡秀宝。3个子女经过治疗有不同程度的改善，孙子也在老师的教育下，不再叛逆，懂事明理。原本昏暗且杂乱的家变得明亮通透，还新增了一台40英寸的液晶彩电。“自从有了电视，家里的笑声更多了。”蔡秀宝说。

看着蔡秀宝的改变，林丽娜更加坚定了志愿服务这条路。

玉湖果蔬批发市场内的河南籍搬运工朱富贵因病去世，女儿、女婿经济困难，林丽娜当场拿出2000元塞进他女儿手里，又立即发动社区“两委”成员、市场管理人员及经营户捐款，并组织社区爱心慈善志愿者协助他们料理后事。

石狮市的2000多名环卫工，大多是安徽、河南籍。每年春节，林丽娜都会叫上几位不回家过年的环卫工一起到家中吃年夜饭。朱雷就是其中之一，“娜姐非常关心我们这些环卫工，每天早上我都可以在社区领取免费早餐。春天她会给我们送衣服和保洁器材，夏天送解暑降温用品，秋天对孩子开展助学帮扶，冬天义诊。我感觉这里就像家一样。”

“石狮的发展离不开外来务工人员的奉献，关心他们以及他们的子女，让他们感受到第二故乡的温暖，是我们义不容辞的责任。”林丽娜这样想也这样做。阳光太太志愿者协会设立了“优秀外来工子女奖学金”，先后与永宁中心小学、蚶江中心小学、石狮五中等学校上百名品学兼优的外来务工人员子女结成帮扶对子，在生活上和学习上帮助他们。

石狮市社会福利中心婷婷幼儿园更是阳光太太常来常往的地方。“每当院里的孩子过生日，我们会下厨，为小寿星加餐，唱生日歌；院里孩子生病了，我们会带他们到上海北京等大医院看病；换季了，我们早早买好衣服送过去，我们就是他们的妈妈。”林丽娜笑着说。

阳光太太志愿者协会成立 15 年来，足迹遍布石狮市乃至全国。在林丽娜的带领下，大家先后赴新疆、宁夏、四川等地区捐赠价值 1100 多万元的衣物；筹集 1500 多万元的物资，先后与永春、安溪、德化、井冈山等贫困山区的 6 所学校结对帮扶，开展奖教奖学，更新教学设施；联合泉州爱恩心理咨询机构，设立“阳光少年心理关怀室”，及时帮助、呵护单亲、留守等家庭开展关爱问题青少年心理健康项目，已累计开展心理咨询 1200 多人次。

无论是社区工作还是志愿服务，林丽娜始终为老百姓忙碌着。有人问她：“这么辛苦，你图什么？”她的回答很朴实：“有人需要、有人认可肯定，就是我的动力，就是我的幸福。”正如她在一次志愿活动汇报中所说的：“我们在帮助别人的同时，也在提升和改变自己。做公益中，我们学会感恩，就像一缕阳光，既照亮别人，也温暖自己。”

《中国社会报》2021 年 5 月 7 日

# 林丽娜：做群众的贴心人

王敏霞　李永江

“现在外防输入的风险和压力依然很大，一刻都不能松懈。”近日，林丽娜都在走街入户，不停奔波宣传新冠肺炎疫情防控措施。

作为泉州石狮市湖滨街道玉湖社区党委副书记、副主任，林丽娜和很多社区工作者一样，连日奋战在疫情防控一线。挨家挨户摸底排查外来人员，与居家隔离人员接触，为他们测量体温、送菜、扛物资……

“不只是防疫，她平时也为社区、为大家做了好多事。”玉湖社区居民邱秀说。到社区工作后，林丽娜一心一意为群众谋福利。她带头从自家企业拿资金免息支持创建玉湖果蔬批发市场，几年内市场占地规模就从 8 亩扩大到 60 亩，道路拓宽了一倍，社区财政收入增长至 2000 多万元。颇具经营头脑的林丽娜还支持玉湖社区党委、居委会创建了石狮市玉湖食品厂，成为社区发展的一大收入来源。

在 20 多年的社区工作中，为群众排忧解难，成为林丽娜工作的重中之重。作为玉湖社区工会主席，她着力推动建立健全工资集体协商制度，维护职工群众特别是外来务工人员的权益；成立社区工作站，为市场经营户及群众提供法律援助、医疗互助、就业帮助、困难救助等一站式服务；关爱留守儿童，帮扶外来人员子女；在辖区环卫工人中开展“日送早餐、春送保险、夏送清凉、秋助入学、冬送温暖”服务活动。

林丽娜还是阳光太太志愿者协会的会长，积极参与扶贫助困、助学助老，参与社会调解、移风易俗……14 年来，阳光太太志愿者协会已经募集社会捐款及物资 1300 多万元，全部用于公益慈善。

“我从小就喜欢帮助人。”热心肠和责任感，让林丽娜成为很多困难群体的贴心人，更成为很多企业家信赖的公益人。

在疫情防控过程中，阳光太太志愿者协会开通了石狮市首条疫情防控心理咨询热线，免费为广大市民提供在线心理支持与心理援助服务。防疫初期，物资紧缺，林丽娜多方联系，采购到价值 2.38 万元的爱心物资。为了做好复学复课准备，阳光太太志愿者协会携手爱心企业，为 10 所中小学及幼儿园开展消毒公益行动……

《福建日报》2020 年 5 月 9 日

# 最美城乡社区工作者

ZUIMEI CHENGXIANG SHEQU GONGZUOZHE

## 裴春亮

# 让群众得实惠、更幸福

王胜昔　刘军旗

在太行小山村——河南省辉县市张村乡裴寨村，村民们都说裴龙军变了。

清晨早早起床，照顾好卧床的妻子、要上学的两个孩子，裴龙军开始往返超市与几家饭店，挨个儿配送蔬菜。下午，裴龙军到村里修剪草花，看到盛开的花儿，还拍个照发在“裴寨大家庭”微信群里，引起点赞一片。

然而在10多年前，提起他，街坊邻居直摇头。妻子重度残疾常年卧床，村里小卖铺的赊账单上，不是给俩小孩儿买奶粉赊的钱，就是裴龙军喝酒欠的债。

村支部书记裴春亮总是月底去替他结账，有一次拉住他“熊”了一顿：龙军，你也是一家之主了，日子拧巴成这样，想过今后的路咋走没有？！

“春亮叔，俺家这一摊儿，我腿脚不灵便，没有活儿干，挣不了钱，愁得发慌。”裴龙军一副无奈又无助的样子。

那时，裴寨村人口不足600人、人均年收入不到千元，村里17个光棍汉娶不上媳妇，年轻人能出去的都外出打工了，留下老的老、小的小、弱的弱。

没多久，裴春亮在村“两委”楼上加了几个字——“乡亲不富誓不休”，时刻警示着自己。

要想富，得有产业。裴春亮带领村党支部提出了“大产业与小产业结合，传统优势产业与特色骨干产业结合”的发展思路，首先筹资创建春江集团。

裴龙军这次拿着钱主动找到了裴春亮，说：“春亮叔，你让我入个股吧。”裴春亮惊诧之余，心里沉甸甸的：眼前这皱巴巴的20块钱，不仅是对自己满满的信任，更是对好日子热切的盼望！决不能让这些钱打水漂，对老百姓好，就是对党对组织最大的忠诚！

于是，村党支部和春江集团党委一致决定，给村里所有困难户2万元股份，让他们生活不愁。裴龙军以最少的股金入股，之后每年腊月二十三这天总是喜洋洋地领到近5000元分红。再加上在村里公益岗位上工作、为饭店送菜，以及政府政策性保障，2018年裴龙军家一年收入超过1万元，告别了贫困，当年整个裴寨村人均收入超过2万元，实现了“人人有活干、家家有钱赚、户户是股东”的致富梦。

山河拱卫的新乡，先进典型辈出。史来贺一辈子扎根黄土地，把刘庄村发展成社会主义新农村的典范；吴金印干一处、响一处，走一路、富一路，至今仍奋斗在乡镇第一线；范海涛实施村企共建，把贫穷落后的南李庄打造成全国文明村……通过农村综合改革，新乡市农村集体经济“空壳村”几近消失，有集体经济收入的村占比达99%，其中5万元以上的村达80.5%以上，实现更有实质性的共同富裕有了坚实基础。

推动共同富裕，要旗帜鲜明鼓励勤劳致富、率先致富，旗帜鲜明鼓励先富带后富、先富帮后富，激发共同富裕的内生动力。同时要坚持改革创新，壮大村集体经济收入，真正让广大群众有获得感、得实惠、更幸福。

共同富裕，是物质文明的积累，也是精神文明的升华。河南新乡不断巩固提升全国文明城市建设成果，农村基层精神文明结硕果，裴寨村等36个村镇入选全国、全省文明村镇。

《光明日报》2021年10月21日

# 树高千尺也忘不了根

李建永

“这是经我手送出的第一本新书，请您指正！”裴春亮把一本签名的《一村之长：新中国“最美奋斗者”裴春亮和乡亲们的脱贫攻坚路》递到记者手中。

5 月 9 日下午，记者约请正在北京出差的裴春亮在海淀区某茶舍进行采访。面对这位来自豫北地区略显偏瘦的精壮汉子，打开他递过来的装帧精美的新书，护封勒口印着他的简介：“裴春亮，1970 年生，河南省辉县市张村乡裴寨村党支部书记、村委会主任，裴寨社区党总支书记，春江集团党委书记。”简介下面还印着他的一串“荣誉头衔”：中国共产党第十九次全国代表大会代表，十一届、十二届、十三届全国人大代表，新中国成立 70 周年“最美奋斗者”，全国优秀共产党员，全国劳动模范，全国道德模范，“全国脱贫攻坚奖·奋进奖”获得者，全国抗击新冠肺炎疫情先进个人，中国十大杰出青年，首届全国“最美村官”……

记者注意到，连同近期中央宣传部、民政部颁授的“最美城乡

◆ 2021 年 6 月，载誉归来的裴春亮与村“两委”干部合影留念

社区工作者”荣誉称号，裴春亮一个人身上就拥有 3 枚金光灿烂的“最美”勋章。

## 当“村官”<br>乡亲们盼的，就是我要干的

16 年前的 2005 年开春，农历春节刚过不久，当时的裴寨村老支书裴清泽和几位村干部，已经两次来到住在辉县市的裴春亮家里，“商请”他回村参加村委会主任竞选。要知道，在裴寨村这个只有 150 多户、600 来人的小村里，由于种种原因，前两届候选人得票都没有过半，村主任已然空缺 6 年之久。裴春亮推辞说：“不中不中，我正做企业，脱不开身。再说，能力也不足……”但是第二天早晨，村里用 4 台拖拉机拉来六七十号人，裴春亮的屋子和院子里站满了

乡亲，他们是来“三请诸葛亮”了……

回村参选。高票当选。

裴春亮不是不知道“宁领千军，不领一村”这句俗语的分量，也不是不知道裴寨村这个远近闻名的“省级贫困村”所面临的艰难局面，但他就是割舍不下与故乡和乡亲们的那份“恩情”……

回忆那段往事，裴春亮的眼里始终有晶莹的泪花在打转。他说，我是吃百家饭、穿百家衣长大的。裴春亮早年也曾有一个虽然清贫但却其乐融融的大家庭，然而命运之“凶神”突然接二连三降临他家：先是17岁的三哥下煤窑没了；再是25岁的二哥出车祸走了，二嫂改嫁，留下了一个年幼的侄儿；接着是大哥偏瘫失语，生活不能自理，大嫂改嫁，又留下一双小侄女；再接着是父亲偏瘫失语，卧床4年后撒手人寰……只有他这个十五六岁的男子汉和母亲面对这一切。父亲走了3天，家里没钱买棺材。母亲说先得顾活人，就卷个苇席筒儿、挖个坑“软埋”了吧。但当时的村支书裴清泽知道后，悲悯而又不无严厉地说，这怎么成，都什么时代了，再困难也不能“软埋”呀，再说还有组织上呢。这是裴春亮第一次听说世界上还有一个“组织上”。正是在组织上的关怀下，村里特批伐了两棵桐树给父亲做棺材，村里的党员们这个三块、那个两块筹钱为父亲置办寿衣，还有乡亲们自己带着米面和柴火来操办丧事……为裴春亮的父亲体体面面地办了葬礼。事后母亲叮嘱他，这个情要还上，就指望你了。

裴春亮对记者说，那时候他带着3个年幼的侄儿侄女，每天晚饭在谁家吃，心里没有底儿。要是没有乡亲们患难相帮，哪有我的今天？我当村主任，就是想带领乡亲们，过上像我一样过着的好日子。

老百姓心目中好日子的标准是什么？

头等大事，莫过于盖房子、娶媳妇。

说起盖房子，村民们都有一肚子苦水。改革开放以后，村里个别经济条件好的人家，陆续盖起新房子。但大多数人还是真的穷，依然住着几十年前的土坯房和捶棚。每当山雨来时，整个村子就乱作一团。特别是睡到半夜大雨突降，大家都在风雨声中爬上屋顶，忙乱着用塑料布整个儿地蒙盖。所以家家户户都必备着塑料布、雨靴和手电筒这“三件宝”。更让人发愁的是，农村说媒提亲，女方首先要看房子；没有房子，谁给个媳妇？2005 年那会儿，村里还有十七八个大龄光棍汉。

裴春亮谋划着为全村 150 多户农民统一建新村。他跟村干部们商议，盖上几栋楼，让咱裴寨村的人都住进去。一位村干部开玩笑说，都住楼上，咱那耕田种地的犁呀、耧呀、锄呀，都往哪儿放？另一位村干部说，盖楼是好，问题是咱这穷村，钱从哪儿来？

裴春亮回县城跟办企业的媳妇商量为村里盖楼的事，毛估一下，少说也得 2000 多万元。他对媳妇说，咱们企业一边挣钱，一边给村里盖房子。他决心个人出资，为乡亲们捐建一个裴寨新村。

说干就干。裴春亮当村主任仅两个多月，即于 2005 年 7 月，一场浩大的裴寨新村建设工程开工了。由于舍不得占用一分耕地，就把南岭东边的荒山头削平，历时 3 个寒暑，投入 3000 多万元，一水儿修建起 8 排 16 栋 160 套 200 多平方米的二层小楼，甭提有多气派啦！村民们以抓阄的方法分到新房，领到钥匙，推开门一看，客厅宽敞明亮，瓷砖铺地，涂料刷墙，卧室、厨房、卫生问，基础设施一应俱全，搬进行李铺盖、锅碗瓢盆，就可以直接入住了。

更令人喜出望外的是，从冬至搬进新楼到春节前夕，在短短的个把月时间里，全村竟有 20 多户人家娶新媳妇进门。

## 奋斗者

## 想，都是问题；干，才有出路

“守着新房子，过着穷日子。”为村民盖好新楼，只解决了住房问题，并没有解决村民们脱贫致富和可持续发展的问题。而且，住进楼房之前就得考虑到另一个问题：住楼房特别费水。

干旱缺水，不仅是裴寨村面临的严重的现实问题，也是辉县市乃至整个豫北地区面临的最大历史难题。与辉县市相邻的林州市（原林县）于 20 世纪 60 年代开凿的人间奇迹“红旗渠”，从山西省远道儿引进清凌凌的浊漳河水，就是最好的证明。

裴寨村的“历史地理形势”是“三道沟、一道岭、一条路”，就是没有一条河，连小河都没有。寨子里虽然有一口老祖宗留下的水井，但已经汲不出多少水了。村里人畜饮水，多半靠水窖。水窖又全凭老天爷恩赐，下雨时雨水顺势流入水窖，水窖积水时间一长，就会滋生大量细菌，还会长出一种在水中翻跟斗的红褐色小线虫，吃水前需要用细箩筛去这些“跟斗虫”……村里的大姑娘小媳妇们，洗衣裳宁等下雨天接房檐水，也舍不得用水窖里的水。农家的院门平时可以不锁，但水窖一定要上锁。

作为土生土长的裴寨人，裴春亮何尝不知道水的“要命”！

在 2005 年当选村主任之始，他的脑子里就琢磨着两件最要紧的事，一是盖楼，二是打井。山里打井拼的是钱，但水对人又是“卡脖旱”，不能不解决啊！

唉！俗话说得好，“钱是硬头货，谁没谁难过”。裴春亮回想起那些年，为了拔掉自家的穷根子，啥苦啥累没受过？十四五岁开始就当过剃头匠，修过电动机、电视机。更多的时候，白天给人剃头，夜晚修电视机和电动机。裴春亮至今还记得，剃头铺开张的当天就挣了六块一毛五分钱，剃头带刮脸收三毛钱，单刮脸只收一毛五分钱。收工后，他拿出零头一毛五分钱，买了一个炖猪蹄儿，好好地犒劳了一下自己。豫剧《马二牛剃头》开头有两句唱词：“谁人不知我马二牛，十三岁上学剃头……”裴春亮偶尔也会哼两句，那是他的身世写照啊！后来他又开了个小饭馆，一个人干好几份营生。开饭馆时听到南来北往的客人说，北京钱好挣，目前需要大量建筑石材。他就把生意交给未婚妻打理，自己单枪匹马闯北京。多少回睡在城边桥下的水泥涵洞里，碰到后半夜下大雨，冷得双手抱膀子……幸亏，有一次帮人把熄火的汽车推到加油站，“好心有好报”，车主是个建筑承包商，购买了自己负责推销的一大批石材，一单净挣 9 万多元！从此以后，就像插上了翱翔的翅膀，不管是回村开矿产，还是进城办企业，生意越做越顺利，日子越过越红火，志气越来越高昂！

但裴春亮始终没有忘记裴寨村的乡亲们。他说，个人家财万贯也是小日子，百姓共同富裕才是大日子。为乡亲们的幸福生活而奋斗，我乐意；为乡亲们过上好日子而花钱，不心疼。

2006 年初春，裴春亮出资 80 多万元，打出一口 530 米的深水井，碗口粗细又清又甜的井水直往外冒。一位70多岁的村民说，没想到这辈子还能喝上这么好的水。然而深水井解决了村民们的“吃水难”，却解决不了旱地庄稼的“灌溉难”，转年一场春旱，刚出苗的庄稼旱得快冒烟了。

怎么办？排除万难继续干。他苦恼，睡不稳，食不甘……忽然想起被干旱倒逼出来的林县红旗渠——对了，借水！他笑了。在100多公里外的辉县市西北有一座石门水库，它的南干渠就从裴寨村南“路过”，水库每年季节性放水，把这些水库所放的水积攒储蓄起来，岂不是“源头活水来”？裴春亮再次决定个人出资，于2007年11月，裴寨村上二级提灌蓄水工程，全村男女老少齐上阵，同心合力大干两年多，硬是修起一座花费860万元、可蓄水5000立方米的“心田池”，丰水期连周边邻村的耕地都受益。

然而，计划赶不上变化。随着裴寨村“家业”不断壮大，水，愈来愈变得“紧俏”起来。裴春亮点子多，度量大，一直盘算着修一座裴寨水库。恰巧此时，裴寨村又遇到了“成长的烦恼”。随着新型城镇化建设的大潮，2010年10月，辉县市委、市政府决定把张庄乡东部1万多人口的11个行政村，以裴寨新村为依托，整合为裴寨社区，任命裴春亮为裴寨社区党总支书记。从600多人的村庄一跃成为1万多人的大社区，饮水和灌溉用水陡然剧增……

怎么办？转换思路往大里干。裴春亮和村委会一班人反复论证之后，下定决心修建一座裴寨水库。裴寨水库的水源比石门水库更远，需要砌筑一条十五六公里长的支渠，耗资更加可观。要不说裴春亮是“福将”呢，就在裴寨水库项目上马不久，党中央送来了及时雨，2011年“1号文件”第一项就是“突出加强农田水利等薄弱环节建设，大兴农田水利建设”。裴寨水库项目恰逢其时，获得国家水利专项资金 1000 万元。其余资金缺口 5100 万元，由裴春亮个人兜底。在 2013 年 7 月 1 日党的生日那天，裴寨水库一期工程开始试验注水。依山傍沟而建的裴寨水库，长 2.3 公里，宽 40 米，平均深度 8 米，库容量达到 80 万立方米，彻底解决了裴寨人饮水和灌溉这个“老大难”问题。当年 12 月 12 日央视《新闻联播》以《裴春亮：缺水山区的通水梦》为题，对此进行了报道。

裴春亮跟记者聊起当年“找水”的酸甜苦辣，深深地感叹道：“想，都是问题；干，才有出路。只有干，才会变。”

## 建社区
## 干在实处，走在前头

“樱桃好吃树难栽”，社区好建钱难来。从裴寨村到裴寨社区一路发展过来，房有了，水有了，这些都是硬件，最关键的是百姓手里不能没有钱。

为了让乡亲们的钱袋子鼓起来，裴春亮的脑子和步子一天都不敢停歇。从 2005 年当选村主任开始，他就带领村委会班子制定出裴寨村发展规划的“一五规划”，后来又制定“二五规划”“三五规划”，一直到 2021 年年初制定了“四五规划”。这些“五年规划”实施的效果如何呢？让数字来说话：2005 年，裴寨村 595 口人，人均年收入 900 余元；2010 年，裴寨社区 1.18 万口人，人均年收入 1200 元；2020 年，裴寨社区 1.18 万余口人，人均年收入达到 2 万元。

◆ 裴春亮指导农户科学种植瓜果（裴龙德 摄）

裴寨村已经由原来的“省级贫困村”，到 2017 年入选第五届“全国文明村”，同年，裴寨社区又被评为“新农村建设示范区”。裴春亮自豪地说，现在咱裴寨社区的老百姓是——“路东当农民，路西当工人，商业街里当商人，春江集团当股东，入住社区是城里人”。

所谓“路东”“路西”，是指以卫吴公路为中心，路东发展高效农业，路西发展工业，在顺着路边的裴寨新商业街发展商业……这些让“人人有活干，家家有钱赚”的鲜活的“新生事物”和“大制作”，不是这篇小文所能囊括尽述的。记者只能择其要者，概括为“四个活起来”——

一是让“业”活起来。要想让裴寨村摘掉“省级贫困村”这顶穷帽子，亟须建立一个可以“造血”“输血”的龙头企业。譬如，裴春亮于 2006 年创办春江水泥有限责任公司——后来改名春江集团。

春江集团是民营股份制企业，效益非常可观，与裴寨行政村不相关联。裴春亮肩头担负着春江集团董事长的重任。他说，如果说捐建裴寨新村是“安居工程”，那么创办春江集团则是“乐业工程”——春江集团在助力裴寨村脱贫致富奔小康的路上，居功至伟。

二是让“地”活起来。裴寨村的耕地整体比较贫瘠，所以2010年拆除老村腾出的260亩平坦肥沃的土地，格外珍贵；还有大东沟的那片良田……由这些土地组成高效农业园，兴建大棚和温室750座，承包户350户，常年有1200多人从事耕作。村民中没时间种地的、不愿意种地的，把土地流转出来发展高效农业。一个蔬菜大棚年收入3万多元，一个花卉温室可以达到五六万元，有的承包户一年收入10多万元。裴春亮说，只要肯用心，骨头也能长出肉来。

三是让“景”活起来。用《中国国家地理》上的话说，八百里太行山脉把最美的一段留给了河南。太行山在豫之境内不仅有云台山，还有宝泉。据清代道光十五年版《辉县志》记载：“宝泉在县西七十里风门山半腰，自石窦流出，下注石地，可鉴毛发。至岩畔悬流瀑布，或被长风自岸下吹卷，水皆倒扑岸上；白日晴空，飞雨骤至，亦奇观也。”2014年作为春江集团子公司的宝泉旅游股份有限公司成立；2015年正式运营，当年就晋升为4A级景区；2016年即接待游客120万人次；2019年接待游客250万人次，年综合收入达到1.5亿元。作为春江集团的一个重要板块，宝泉旅游已经成为南太行的一个旅游标杆，带动了一条旅游线，带活了一个产业，带富了一方百姓……

四是让“人”活起来。关键是要让人的脑子活起来，紧跟时代的步伐不落伍。“红薯饼，红薯馍，离了红薯不能活”，这是河南老辈人的口头禅。但是如果把红薯这个土生土长的农作物老品种，与电子商务这个新鲜玩意相结合，那就可以“谱新曲”了！2016年辉县市创享电子商务有限责任公司在裴寨村成立，公司推出的第一款电商产品就是红薯淀粉粉条。同年底裴寨村又举办了“中国·太行首届红薯粉条文化节”，开幕当天，线上线下红薯粉条销售量高达15万斤！从此后，年年举办“红薯节”。老百姓高兴地说，这是把粉条变金条了。当年31岁的贫困农民代艳萍，经过培训当上了一家电商店主，第一个月销售额就达到6万多元。她开心地说：“除开成本，再加上业绩分红，月收入5000元不是梦。”

当然，裴春亮脑子里考虑的也不完全是钱的问题，让“人”活起来，还包括人们的精神生活和家庭幸福，让乡亲们“活”出精气神儿来！裴春亮个人出资2000多万元创建的裴寨服装产业园，就是缘于太行山区很多年轻人外出打工，村里只剩下留守老人和留守儿童，时间长了，爹娘不认得儿女，儿女不认得爹娘。开办服装产业园，就是为了“让爱回家”，回归那种“爹是爹来娘是娘”的温馨幸福生活。2019年春节刚过，裴寨社区就贴出招工启事：面向全乡，不设门槛，不限年龄，全部招收女工，每月最低工资2500元，另加超产奖。乡亲们都说：“一台缝纫机，致富一家人；一位巧媳妇，全家都脱贫。”

“山重水复疑无路，柳暗花明又一村。”而今，裴寨村的面貌日新而月异，裴春亮的步子稳健而坚实。

近日，记者拨通报告文学作家、《一村之长：新中国“最美奋斗者”裴春亮和乡亲们的脱贫攻坚路》作者王钢的电话，就裴春亮的事迹作了深入的交流。王钢说：“裴春亮是中国千千万万村支书里的一个先进典型，是改革开放时代成长起来的 70 后村支书，他的那种来自基层的创新意识和奉献精神，为乡村振兴、为推动农村社区治理能力的现代化，提供了一个真实的典范。他的这个价值，远远超过他为太行山区人民捐献的 2 亿多元。”

《中国社会报》2021 年 5 月 28 日

# “对老百姓好就是对党忠诚”

李虎成　代　娟　原志强

“春亮对俺可好了！”4月19日，在辉县市张村乡裴寨村，70多岁的赵喜英正在用带放大镜的指甲钳剪指甲，“这是春亮送俺的，可好用！”

原来，裴寨村党支部书记裴春亮发现村民赵喜英的手指甲很长，就问她：“老嫂子，咋不剪剪，这多难受。”她说：“老弟，我上了年纪，眼花，自己剪不好。”有一次出差到外地，裴春亮发现一种带放大镜的指甲钳，便一下买了40个，给村里70岁以上的老人每人送一个。

“入党那天，我就宣誓要‘对党忠诚’，发誓要让乡亲们过上好日子。这么多年来，我觉得对老百姓好、做社区群众的贴心人，就是对党忠诚！”裴春亮说。

位于太行山南麓的裴寨村，曾是一个省级贫困村。从小吃百家饭、穿百家衣长大的裴春亮，凭着能吃苦、不服输的劲头，白手起家，艰苦创业，率先脱贫。2005年，在乡亲们的再三要求下，他回村担任村委会主任。2010 年 4 月，他又担任了村党支部书记。多年来，他捐资无偿为全村 153 户 595 名群众建新居，带领乡亲们兴修水利告别“望天收”，拆除老村复垦土地发展高效农业等，让村民过上了好日子。

2010 年 10 月，张村乡依托裴寨村、整合全乡 11 个行政村 1 万多人，建设公共配套设施齐全的裴寨社区。裴春亮兼任裴寨社区党总支书记，压力更大了。

为确保大家都有活儿干、有钱赚，裴春亮带领群众扩建了商业街，建起 1000 多间门店，又把村边的荒沟整理成建设用地，采取免费提供厂房、减免水电费等措施，引进上海衣尚、河南禾合、苏州澄新等 3 家服装企业，打造了可供 2000 人就业的服装产业园，形成农工商齐头并进的发展格局，让群众真正实现了“挣钱顾家”两不误。

如何第一时间了解群众的想法？裴春亮在工作中给自己制定了“五个一”：每个月到村民家中吃一顿饭；每个月走访一次困难家庭；每个季度给党员讲一次党课；每年走访一遍社区；每年主持召开一次群众大会。在与群众的无缝对接中，了解群众的所思、所想、所盼。

太行山区一带盛产红薯，看着乡亲们曾经对着丰收的红薯及做好的手工粉条发愁，裴春亮琢磨“要是把乡亲们种的红薯做成大产业，群众就不作卖红薯的难了”。从 2016 年起，裴寨社区年年举办红薯粉条文化节，并掀起了一场“红薯革命”：通过“公司 + 农户”模式、建设薯品产业园，规模化发展红薯深加工产业；注册商标，让土特产变成养生俏销品；发展电商扶贫。以红薯粉条酸辣粉为主打产品的河南九月天食品有限公司，代加工的品牌达178家，年销售额达到5亿元，直接或间接带动近万人就业。

乡亲们的日子越过越好了，但红白喜事相互攀比、大操大办等陈规陋习依然存在。裴寨社区专门成立了红白理事会，建起了红白理事会大厅，定下最高消费标准。裴春亮的儿子结婚时，只待客不设礼桌，用的白酒50元一瓶。

在裴寨社区，宣传社会主义核心价值观等通俗易懂的标语随处可见。社区还建起了党建展览馆，开办“习书堂”、农民红色课堂，建成初心广场、太行初心馆、家风馆，7名年轻党员创办了“大喇叭朗读时间”，义务轮流播报党史故事、时事新闻、法治案例、健康常识等，潜移默化影响教育着群众。

如今，走进裴寨社区，小学、幼儿园、卫生院、污水处理厂配套齐全，水电暖、天然气通到群众家里，乘坐村里的公交车直通市里。在裴春亮的带领下，裴寨村由曾经不足600口人、人均年收入不足千元的省级贫困村发展成为入住1.18万口人、人均年收入超过2万元的新型农村社区。

4月19日，中央宣传部、民政部向全社会发布了包括裴春亮在内的10位“最美城乡社区工作者”先进事迹。

《河南日报》2021年4月20日

# 最美城乡社区工作者

ZUIMEI CHENGXIANG SHEQU GONGZUOZHE

## 杨 宁

# 飞回大苗山的“金凤凰”

翟　倩

“我叫杨宁，是广西壮族自治区柳州市融水苗族自治县安陲乡江门村村委会的一名村干部。我们村干部要继续在乡村振兴的主战场贡献自己的青春力量！”2021年2月11日，苗家妹子杨宁身着民族服装，登上了春节联欢晚会的舞台，向全国人民承诺助力乡村振兴的誓言。

守在电视机前的江门村村民看着这一场景纷纷竖起大拇指。在江门村，杨宁的名字与几个第一分不开：2010年，她成为江门村第一个女大学生“村官”；2017年，经过选举，她成为安陲乡第一个女村委会主任；2018年，她又成为第一个“女芒篙”，为苗寨祈福。

11年的村干部经历，让她在农村这个大舞台上散发着自己的魅力，展示着自己的风采。4月19日，她荣获“最美城乡社区工作者”称号。

## 回村，压力与动力并存

苗家妹子杨宁是土生土长的江门村人。位于桂北大苗山腹地的江门村，地处广西第三高峰、主峰海拔 2101 米的元宝山山麓，距县城不过 60 公里的路，却因峰陡路险、信息闭塞、交通不便而处在贫困之中。

生活在这大山里，杨宁也曾是一名留守儿童，父母常年在外打工，她和弟弟跟着奶奶一起生活。走出大山是她一直以来的梦想，中学时，她还曾与同学约定：等事业有成，再回报村里。经过努力学习，她成功考上了广西大学，选择了热门的工商管理专业，想在大城市有一番作为。

2010 年，杨宁毕业开始找工作，奶奶的身体状况和盼望让她犹豫了。“当时奶奶生病，需要人照顾。而且奶奶总想让我离家近一些。”因为对奶奶的牵挂，杨宁放弃了城里的工作机会，选择了回村当“村官”。

考上“村官”的那一刻，她心底还有一丝迷茫：离开了繁华的都市，放弃了高薪厚禄的工作，投身于大山深处，到底值还是不值?

想了一夜，她释然了：既然决定了，那就做吧。

但是，杨宁的决定并没有得到家人和村民的理解，“山里的大学生都是往外跑，偏偏你却从山外跑回来？”“有本事的人都出去打工了，没本事的才回村里，她一定是能力不行。”质疑、不解，甚至嘲笑的声音回响在杨宁的耳边。

“听到这些，肯定是很难过的。”沮丧让才 25 岁的杨宁承受着巨大压力。奶奶的支持成为她坚强的后盾，“认真做吧，你做了什么他们会看到的。”这成为支撑杨宁继续干下去的动力。

刚一到任，村主任就分配给杨宁一个屯，屯里大大小小的事情都交给了杨宁：帮老人申请低保填写材料、处理邻里纠纷、入户走访调查……屯里的 48 户 182 人见证了杨宁的成长。看到杨宁为走村入户特意换上的解放鞋，村民说："这个阿妹不错，懂得穿解放鞋，是个做事的人。"

一位名叫陈玉莲的老人，因为杨宁帮着填写了申请低保的材料，特意几次来到村委会"堵"她，只为塞给她一个橘子。"村民们特别淳朴，我只是按照规定做事，却得到了这些真诚反馈，让我感觉自己有价值、被需要，坚定了留在村里的信念。"杨宁说。

真正让杨宁下定决心在村里干一辈子是 2011 年的村"两委"换届选举。通过一年的"村官"历练，杨宁喜欢上了这份工作，决定参选。但这时，村里两位很有威望的老人发话了："她一个年轻妹仔，懂什么？""她只是来镀金的，早晚会走，选她也没有用。"

村民们的怀疑刺痛了杨宁，她暗暗下定决心：不考公务员，放弃企业的高薪挖角，踏踏实实留在村里，脚踏实地做事，消除村民的疑虑，用行动为村民谋福利。

## 创业，尝试与信念并重

乡村要发展，村民要脱贫，处处离不开钱，可钱从哪里来？杨宁考虑再三，还是得先从搞产业入手。

安陲乡有丰富的竹资源，杨宁先从竹子粗加工开始。为了减少中间环节，杨宁自费到广东、海南、广西北海等地寻找买家，建起了竹子收购点，提高收购价格。

可是，建立竹子收购点首先面临的竞争对手就是自己的亲戚。

很快，亲戚找上门来“算账”：“你不懂，会把市场搞乱的，到时哭都没地方哭。”

“亲戚归亲戚，你压价太低，对农民不公平。”杨宁为了村民的利益并没有让步。2012年的一个冬夜，第一车竹子打捆上车，赶到柳州交货地点时已是凌晨。可在交货中，杨宁发现里面夹着一些发霉的竹片，她当时就愣了，眼泪止不住地往下流，这次交易，她亏了600元。

可她并没有放弃，还是一如既往地收竹子、运货，只是质量成为她严把的关卡。“她守信用，给的价格也高，好的竹子一定留给她。”江门村村民廖世葵说。仅卖竹一项，种植户每年就能收入1万多元。

可是，“竹子生长周期慢，到成材能卖，需要8年。山里的竹子是有数的，早晚会卖光。等竹子砍没了，难道要再等8年吗？”卖竹之余，她又开始拓展新的产业。

江门村的人大多爱吃辣椒，“我奶奶就爱吃辣椒，家门前的地里总少不了辣椒苗。”凭感觉，杨宁准备投入辣椒产业。2014年，她说服了在柳州工作的同学，两个人一起投资流转了50多亩村里丢荒的土地试种高山辣椒。为了保证销路，杨宁还跟柳州市一家公司签订了合同，由对方提供技术支持和市场销路，她负责田间管理。

然而，当年雨水多，大雨过后又遭遇暴晒，地里的辣椒苗开始长斑腐烂。杨宁请来的专家也束手无策。于是，在这次种辣椒的尝试中，杨宁和同学亏了10多万元。

几次失败并没有将杨宁打倒，她说：“摔倒没关系，站起来就行，路是一点一点摸索出来的。”她有一个信念：“只要不断尝试下去，总能找到一条属于大苗山的特色产业路。”

转机在 2016 年。杨宁发现江门村昼夜温差大，种出的西瓜品质格外好，“平时，村民都是自己种三五棵，够吃就好。”既然品质好，为什么不能大家一起种，开拓销路，一起致富呢？杨宁敢想敢干，承包荒田，育苗、种植、施肥、除虫，之后采用电商销售，当年就挣到了钱。“有了新想法，就自己先尝试，我能做好，大家看到甜头了，才能带着大家一起干。”此后，杨宁组织村里的留守妇女成立了“苗阿嫂”种养专业合作社，每亩地的收益从不足 1000 元提升到近 4000 元，十几户贫困户就此脱贫。

“经过不断尝试，主打生态牌成为大苗山的特色。”紫黑香糯是当地苗族人千百年传承下来的独特糯米品种，生长期长、营养价值高。杨宁曾算过一笔账，种水稻每斤 2 元，种紫黑香糯每斤 6 元，当然紫黑香糯更划算。从 2017 年起，杨宁带领全村 60 多户农户种植 120 亩香糯，以“稻 + 鸭 + 鱼”共存的模式种植，每亩增收 1500 多元。

一条条产业路被杨宁闯出来了，村民们跟着富起来了，杨宁在村民中的威信也逐渐升高。“小杨让我种什么，我就种什么；她让我怎么种，我就怎么种。”村民们的话语表达了对杨宁工作的信任和肯定。

可她却说：“不是我有多能干，在脱贫攻坚的道路上，调动村民的内生动力才是最核心的途径。我所做的所有尝试，都是在调动他们的内生动力，让他们发自内心改变自己、改变人生。”

## 发展，品牌与口碑共赢

发展产业，不能只靠自己不断地跑市场、找资源，打品牌、树口碑才是硬道理。这是杨宁在开发电商经历中所总结出来的。

2015 年的夏天，一个村民采得一些野生灵芝，想请杨宁帮忙卖出去。她简简单单发了一个朋友圈，很快灵芝就销售一空。

之后一位姓董的大嫂挑着西瓜，又是坐车，又是走山路，好不容易到了镇上，却找不到交易门路。还是杨宁的一个朋友圈，让这高山泉水西瓜火了一把。

受此启发，杨宁决定通过网络推广大苗山的农副产品。很快，她动员了融水县的 6 位大学生“村官”成立了“融水县大学生村官创业联盟”，在 8 个乡镇成立了“苗村倌”农产品电商服务中心，确保生态农业产品能远销外地。

品牌立起来了，产品的质量又成为杨宁关注的重点。

“我们承诺双倍赔偿，这一方面管控苗阿嫂们的产品质量，另一方面也能留住客源。”杨宁说。为此，统一管理是必不可少的一环。

◆ 杨宁带领苗阿嫂种植泉水西瓜喜迎大丰收

在杨宁的推动下，村里建起了扶贫加工车间。“以腊肉腊肠为例，可能客户今天买了董大嫂家的觉得很好吃，明天张大嫂家因为腌制的配料不一样，感觉没有董大嫂家的味道好，那是不行的。”杨宁说，“要稳住客户，就得稳住品质。现在我们正在研究腌制腊肉要放多少克盐、多少种调料，确定好之后，就开始投入现代化生产。”

“打品牌、树口碑，这是一个相辅相成的关系，要想长久地保障村民利益，我们不能做一锤子买卖。”她的这个理念也得到了村民们的认可。

与此同时，精通工商管理的杨宁认为，也应该适时将村民们推向市场，让他们亲身感受一下市场的优胜劣汰：“我订购了一批标签，让每一户村民出产品时将自己的名字写在上面，如果投入市场后品质有问题，是要追责的。我就是要让村民们知道，保质保量，才能有好的收益，才能有发展。”杨宁说，“村委会不能给他们打包票，还是要让他们自己动手、动脑，创造自己的幸福。”

在杨宁的努力下，2016 年至今，“苗村馆”已经帮助农户销售农产品 900 多万元，为江门村集体经济增收 7 万余元。下一步，杨宁还打算推动村民们在田间地头直播带货，“让他们更多参与进来做主角，我退到幕后做辅助、做配角，开拓更多小而精、富有大苗山特色的产业，助力乡村振兴。”

## 服务，关爱与保障同行

做了“村官”的杨宁，除了心系村民的钱袋子，也时刻关注着村里的困难群众。

村里的青壮年纷纷外出打工，留在大苗山里的孩子们无人照料，每逢中午和傍晚，村里的留守儿童总在大街上游走，无人看管，很不安全。杨宁看在眼里急在心中，她动员街上开米粉店的姑姑，用闲置的房子建成“留守儿童之家”，让孩子们在这里休息、玩耍。杨宁还每天抽出时间，给孩子们辅导学习、陪孩子们做游戏，直到村里开设了午托班和四点半课堂，这个不算太正规的“留守儿童之家”才被解散。

2014 年，杨宁偶然得知，隔壁村贫困户梁海春因病瘫痪在床，家里有 3 个小孩读书，家庭的所有负担都压在他爱人身上，生活十分困难。于是，杨宁有空就到梁海春家提供帮助，连续 6 年资助他家孩子上学。“全靠杨宁，我孩子才能读到现在，要不然早就辍学了。”梁海春对杨宁的感激之情溢于言表。

村里的吕素明 2020 年因患病造成家中困难，想申请大病救助，可根据政策，他患的不算重病没有达到申请条件，经过集体讨论，从村集体财政里拿出了 600 元作为临时救助金，解了吕素明的燃眉之急。

村民路桂鲜和刘有明，因大雨造成后院墙塌方，还是村里拿出资金，每户资助 500 元修补院墙。

遇到山体滑坡，村集体经济可以拨钱修路；屯里水管不到位，村集体经济可以支付安装水管费用；村里考上了大学的孩子，村集体经济可以送去奖励金……

“只有村集体经济发展了，才能做更多的事，帮更多的人。”杨宁说。

杨宁为村里的付出，大家有目共睹。

2017 年，在杨宁当了 6 年多的大学生“村官”后，她以 90% 以上的高票当选了村委会主任，也就是从这一刻起，家人将她视为家族的骄傲，村民对她不再质疑。2018 年 3 月 8 日，村民们第一次自发以跳芒篙舞形式庆祝三八妇女节，而且把杨宁选为“女芒篙”。大家一致认为：“过去祖祖辈辈向芒篙祈福，其实真正能给我们带来美好生活的，是党的好政策、好干部。”

一晃 11 年过去了，杨宁带领江门村 94 户 326 人成功脱贫，将贫困发生率从 20% 降到零。有同学说她：“凭你吃苦耐劳的精神，在城里发展可能会更好。”但杨宁却说：“你不知道，农村的舞台很大，与你们相比，我的人生更充实、更有价值、更有意义。我为自己当初的选择而自豪！”

杨宁希望有更多从农村走出的大学生回到农村，与她携手，共同为新农村建设出一分力：“城里少你一个大学生不少，村里多你一个大学生就了不起。你的回来一定会成为村里的希望，你的人生一定会有更多价值。”

《中国社会报》2021 年 4 月 23 日

# 像毛竹深深扎根苗乡

廖志荣　安忠芳

近日，中央宣传部、民政部评选出10名“最美城乡社区工作者”，广西融水苗族自治县安陲乡江门村党总支书记、村民委员会主任杨宁成功入选并接受表彰，她也是广西唯一入选者。

2010年，杨宁从广西大学毕业，毅然选择回到家乡，成为村里首位女大学生“村官”。

“山里的大学生都往外跑，你倒好，还从山外跑回来！”刚刚回到老家，杨宁听得最多的是这句话，这是来自家人和亲友的不解。考上大学，走出大山，是深山学子的不二选择，杨宁却成了“逆行者”。

到任第一天，杨宁就换上一双解放鞋走村入户。日子久了，村民们的一句话让她心里暖暖的：“这个阿妹不错，懂得穿解放鞋，是个做事的人。”

村委会附近住着一些空巢老人，2011年有关部门安排给符合条件的老人申请低保，杨宁负责帮老人填写申请资料，连续加班两天。忙完后的第二天一早，杨宁又跟村干部一起下村，傍晚才回到村委会，看到一位老人在等着她，向她连声道谢，还塞给她一个橘子。工作人员说："老人来办公室好几趟了，说你连夜帮她填表，要谢谢你。"杨宁攥着橘子，虽然老人给的只是一个橘子，却是乡亲们对她工作的极大肯定。

残疾老人潘健强因生毒疮卧病在床，无人照顾。杨宁带他到医院看病，还专门到县城为他买来药品；她把潘健强的情况向腾讯公益申请了百名老人"微心愿"，得到了爱心帮助。

杨宁十分重视和关爱村里留守儿童，她将自己家建成"留守儿童之家"，每月抽出空闲时间，辅导他们学习或作心理疏导，为留守儿童撑起了一个温暖的"家"。

江门村地处大山深处，曾是多年的贫困村。2010 年，杨宁刚上任时，村里年人均纯收入只有 1000 多元。她走村进户收集信息，经

◆ 杨宁与乡亲交流（图片源自网络）

过调研和分析，她把目标定在了山上。

竹子这一传统产业不能丢，应该打造成当地的优势产业。杨宁自费前往广东、海南等地考察，直接对接老板，为村里销售竹子省去中间环节，发展竹片加工业，让村民获得更多收入。

2015年，高山葛根种植示范基地成立，她带领安陲乡90多户贫困户种植300亩高山葛根，总产值100多万元；2017年，她带领全乡463户农户种植860亩高山紫玉香糯特色稻米，收入300多万元；2018年，带领江门村43名贫困留守妇女种植高山泉水西瓜、黄金百香果等特色果蔬，户均增收3000多元。

为拓宽销售渠道，她带领农村创业青年成立了农产品电商服务中心，2019年销售贫困户特色农产品300多万元，为村集体经济增收7万余元。目前，江门村各类专项脱贫产业逐步规模化，产业覆盖率达到100%。

因带领村民走上脱贫致富路，这位85后苗家妹子被评为“全国脱贫攻坚先进个人”。2021年2月在全国脱贫攻坚总结表彰大会上，杨宁作为全国脱贫攻坚先进个人代表，受到习近平总书记的颁奖。

“我将牢记总书记的嘱托，像毛竹深深扎根苗乡，带领乡亲们为了更美好的新生活努力打拼！”杨宁说。

《广西日报》2021年6月3日

# 苗山脱贫“领头雁”

黎寒池

杨宁是广西融水苗族自治县安陲乡江门村党总支书记、村委会主任。这位85后苗妹子，因返乡带领村民走上脱贫致富路，荣获“全国脱贫攻坚先进个人”，在全国脱贫攻坚总结表彰大会上，作为全国脱贫攻坚先进个人代表，接受了习近平总书记的颁奖。

2010年，杨宁以优异的成绩大学毕业后，被老村主任的一句话打动：“城里多你一个大学生不多，少你一个不少，但是村里多一个大学生就很了不起。”于是，已经跃出龙门的她又回到了老家江门村，成为村里首位女大学生“村官”，把最好的青春挥洒在了大苗山深处。

10年间，杨宁先后带领全乡320多贫困户发展高山泉水西瓜、高山水稻等特色产业，并创办了村里的农产品电商服务中心线上销售农产品，使户均年增收3200多元。目前，该村各类专项脱贫产业逐步规模化，产业覆盖率达到了100%。

多年的真诚付出，杨宁赢得了村民们的认可和信赖。2021年是脱贫攻坚与乡村振兴的衔接之年，杨宁计划筹措200万元资金，建设生猪养殖基地，拓展竹荪种植，并发展优质稻产业，进一步打响江门村农产品品牌。

从脱贫攻坚到乡村振兴，变化的是阶段性目标任务，不变的是对美好生活的追求。杨宁说："家乡村民们的淳朴、善良、勤劳，鼓舞了我，也给了我力量，让我更想留在这里，带领他们闯出一条致富新路。"

《广西日报》2021年4月19日

# 最美城乡社区工作者

ZUIMEI CHENGXIANG SHEQU GONGZUOZHE

## 余绍容

# 余绍容：苦黄连撑起村民的甜日子

周雅丽

立足自身带领村民脱贫奔小康的切身感受，着眼于边远地区脱贫工作中遇到的突出瓶颈，全国人大代表、四川省北川羌族自治县擂鼓镇五星村党支部书记兼村委会主任余绍容把基层群众的心声，融入一次次两会建言中。

2020 年全国人代会上，余绍容提出建议，提高艰苦边远地区国道省道干线公路补助标准，助力落后地区经济发展。

## “脱贫只是第一步，我们要探索可持续发展的道路”

“我们村全面实行了冲水式厕所，村里电信、移动啥子网络都有，前不久，还刚刚硬化了一条旅游道路……”一说起五星村的变化，电话那端余绍容的声音明显兴奋起来。

五星村，地处北川山区，因地势崎岖、交通不便，多年无法甩掉“贫困村”的帽子。2014年，五星村还是省级贫困村。近几年，在国家扶持政策的支持下，余绍容带领村民不断探索，手工羌绣、民族旅游、中药材种植、生猪养殖……五星村脱贫的步子迈得很快，2016年退出了贫困村队伍。

2018年，余绍容当选全国人大代表，眼界更开阔，对自身的要求也更高。乡村振兴战略实施后，余绍容看到了乡村发展的更大平台、更高层次。“脱贫只是第一步，我们要探索一条可持续发展的道路，让村民有长期稳定的收入，不能脱贫后又返贫”，余绍容说。

## 找准支撑乡村发展的产业路径

五星村属于典型的山地地形，气候、温度、土壤适宜种植各种中药材，从20世纪80年代开始，村民自发在林地、坡地及房屋前后种植黄连。“一方面，我们村民有黄连种植的经验；另一方面，黄连种植也可以有效发挥村里富余的老年劳动力作用”，在产业振兴乡村的探索中，余绍容紧紧盯住黄连种植产业。

村里耕地有400余亩，人均不到1亩地。耕地不足严重制约了黄连种植产业发展。在村民的提议下，余绍容和村两委成员着手研究在临近村镇，通过土地流转方式解决耕地不足问题。最终，找到了适宜规模化种植黄连的土地。

如今，黄连种植已成为五星村的重要产业，全村黄连种植规模从最初的400多亩达到1200多亩，实现年产值100万元，带动了全体村民致富奔小康。

五星村黄连种植产业的成功，让余绍容对以产业支撑乡村经济的发展路径更加自信。

2018 年 9 月，成都、绵阳两地签订一体化发展合作协议。余绍容敏锐捕捉到这是推动当地黄连种植产业发展的重要契机，将目光对准了成都这个更大的消费市场。

“到更大的平台上发展，需要我们做更充分的准备。”一方面，余绍容计划引进新技术和设备。“现在，村民都是在地里用柴火去烤干黄连，我在想，如果用机器进行集中烘烤，不仅可以节约人力、提高产出，也可以降低成本。”另一方面，她还准备利用五星村便利的网络条件发展乡村电商，以提高五星村黄连的知名度和销量，打造五星村“中药之乡”品牌。“发展机遇可遇不可求，只有牢牢抓住每一个机遇，才能让苦黄连持续撑起村民的甜日子。”余绍容满怀憧憬地说。

## 发展交通为乡村旅游“铺路”

中药种植产业发展起来了，余绍容并没有止步，又打起了民族旅游产业的主意。

说到发展旅游经济，余绍容可是受了好大的刺激。2017 年的一个小长假，余绍容走在路上，有很多私家车主跟她打听“羌王竹海”怎么走？余绍容知道，“羌王竹海”就在隔壁的楠竹村，让她感到意外的是，楠竹村跟五星村一样是大山深处的乡村，咋个会吸引了这么多游客。

为更深入了解乡村旅游经济，余绍容到北川各地开展调研走访。此间，余绍容了解到，靠山吃山，打造特色乡村旅游品牌，不仅有

◆ 余绍容作为全国人大代表接受履职工作指导

利于村民稳定就业，也有利于推动乡村产业振兴。但从北川情况看，旅游收入主要集中在基础条件较好的北川新县城及个别地区，较为偏远的山区乡镇受地势条件、资金以及狭窄乡村公路等多方面限制，民族旅游发展相对落后。据此，余绍容提出了提高艰苦边远地区国道省道干线公路补助标准，助力落后地区乡村振兴和经济发展的建议。

她结合调研指出，因地理条件复杂，道路多处为山岭重丘峡谷，边远地区国道省道升级改造成本远高于国家补助标准。同时，国道省道建设采取上级补助，地方配套资金的方式，艰苦边远地区因配套资金难以保障，导致国道省道路干线工程无法实质启动。一方面，因经济基础薄弱，艰苦边远地区交通基础设施建设处于落后局面。另一方面，交通基础设施的落后，又反过来成为制约地方经济发展的瓶颈。长此以往，形成落后地区、边远山区越来越落后的恶性循环。

为此，她建议国家根据艰苦边远地区国道省道干线公路建设成本实际，结合艰苦边远地区财力状况，提高艰苦边远地区国道省道干线公路补助标准，加强艰苦边远地区交通基础设施建设，促进艰苦边远地区乡村发展振兴，实现均衡发展。

“期待着这份建议能尽早得到落实。”两会胜利闭幕了，余绍容离开了北京，又奔向了她的家乡，她的乡村振兴实践基地。

《检察日报》2020 年 6 月 1 日

# 让五星村变成“五星级”乡村

赵晓明

拨通余绍容的电话，一阵爽朗的笑声传来：“这儿年，村里的环境大变样，村民们过上了好日子。”

在四川省北川羌族自治县擂鼓镇，有一个叫五星村的偏远小山村。五星村虽小，可走出了一个鼎鼎大名的村党支部书记、村委会主任余绍容。

## 苦黄连开启甜蜜乡村致富路

回忆起最初种植黄连的日子，余绍容脸上有点苦涩。

那会儿，余绍容刚嫁到五星村，还没从新婚的甜蜜中走出来，便面临种植黄连的窘境。

种植黄连在五星村是一项传统，当地气候、温度、土壤等条件适宜种植各种中药材。40年前，村民便自发在房前屋后、村外林地等种植黄连。

农家女出身的余绍容并不排斥干农活。在她看来，种黄连和种水稻一样，也是在地里劳作，无非需要的种植技术不同而已。然而，让余绍容难以接受的是，需要背着生活用品，爬 3 个小时的山才能到达黄连种植地。

崎岖难行的山路让余绍容吃足了苦头，有一次，背着生活用品的余绍容在半路上晕倒了，甚至不知道当时自己是怎么晕倒的，又是怎么醒来的。每次谈及这次经历，余绍容都情不自禁地露出苦笑。

崎岖的山路、种植的辛苦、微薄的收入，让余绍容起了远离黄连种植的心思。2015 年，余绍容到北川新县城一家酒店当经理，既可以让孩子有更好的教育条件，也能多赚一点钱还贷款，家里的日子一天天好了起来。

让余绍容没想到的是，随着脱贫攻坚的推进，村里人、镇领导找到她，希望她能带着村民找出一条脱贫致富的路，过上好日子。

犹豫了一个晚上，和家人商量后，余绍容辞去工作，回到了五星村。“我是一名党员，既想把自己的日子过好，更想带着大家一起把日子过好。”面对亲朋好友的不理解和劝阻，余绍容就这么打定了主意。

再次回到五星村，面对脱贫攻坚的任务，余绍容有点犯难。“脱贫致富不是嘴上说说就成的，而是要靠实打实的苦干和巧干。”余绍容和村“两委”干部们都认为，得发展村里自己的支柱产业，才能真正拔掉穷根。

种水稻、土地出租……一个个想法刚在村“两委”会议上提出，随即就被否决：村子地处偏远，土地少，小打小闹还成，要想脱贫致富，难！

“发展黄连种植怎么样？咱们村民都有经验，而且这活不太重，老人都能干。”有村干部提出了种植黄连的建议。

“拉倒吧，咱们村只有400多亩地，人均还不到一亩，能种出个啥来？”有村干部反驳。

言者无心，听者有意。不服输的余绍容觉得，路都是人走出来的。发展黄连种植，虽然面临产品质量参差不齐、价格不稳定等问题，但谋划好了，苦黄连未必不是一条甜出路。

村民的种植意愿给余绍容吃了一颗定心丸。余绍容和村“两委”干部、种植户一起到外面寻找合适的土地。经人介绍，附近的平武县进入了大家的视野。

冬日里，路面还结着冰，余绍容要驱车往平武县赶。母亲有点担忧，说话间也带了一丝丝火气：“你不要命啦？外面那么冷，地上有冰，你还跑那么远的山路！”

余绍容坚持说：那里可能有合适的土地，谈成了，咱们村的出路可就找到了。

经过3个小时的车程，余绍容和村民代表来到平武县南坝镇水关乡天鹅村。见到要出租土地的天鹅村村民赖方明，“谈判”却并不顺利：土地流转没问题，可要通水、通电、通路，成本不低。这对双方而言，都是一笔不小的负担。

谈不拢，双方展开了拉锯战。“这么大的事儿，哪有一次就谈妥的？”余绍容用好事多磨来安慰自己、劝说村民。带着村民，余绍容先后5次到平武县多地考察。最终以村委会的名义，在擂鼓镇周边和平武县以合理的价格租到了合适的土地，成本一下子就降了下来。

土地流转的经历让余绍容和村民们尝到了集体力量的甜头。大家琢磨着，以前种黄连之所以“苦”，一个很重要的原因就在于单打独斗的品质没保障、难以应对市场冲击。既然土地流转可以通过村集体干，那何不成立一个合作社，大家一起干呢?

合作社在村里可是个新鲜事，大家都听过，但具体怎么做，谁也不知道。余绍容和村“两委”干部带着年轻的种植户一起到周边市县学习、取经。经过多次讨论，成立了国富种植专业合作社，“党支部 + 合作社 + 农户”共同发展黄连产业，培育种苗、培训技术、统一销售。

“村里的黄连种植大户一年能有 50 万元的收入，普通村民一家年收入 10 万—20 万元的也不少。”余绍容自豪地告诉记者，五星村人均年收入由 2000 余元提高到了 1 万余元，于 2016 年脱贫摘帽。凭借黄连种植过上了甜日子的村民，看着“苦黄连”的目光充满笑意。

## 治理加服务延展乡村和谐路

近几年，擂鼓镇青壮年纷纷外出打工，村里多是留守老人、妇女、儿童，村组干部中女性占比高。在五星村，余绍容带着 3 名女干部撑起了村里的半边天。

余绍容刚上任那会儿，一些老党员干部有些担忧：“村里干部都是女同志，遇到突发的矛盾和问题，可怎么办？”

余绍容不这么看，她认为，村里有很多琐碎的事儿，川妹子以特有的泼辣、胆大、心细，可以更好地处理矛盾纠纷，为村民提供更好的服务。

2020 年 5 月，擂鼓镇进行村建制调整，原来的五星村和大田村合并成新的五星村。已经在村里干出了一番事业的余绍容，在选举中再次赢得村民认可，成为村党支部书记、村委会主任。

在汶川灾后重建中，原五星村的村民被划分到 6 个安置点，乡村治理的难度本来就不小，再加上数百人集中安置的原大田村，挑起新五星村的担子，当好 800 多名村民的家，不是件容易事。

仔细研究五星村的情况后，余绍容觉得，还得在基层治理和公共服务上下功夫，在解决村民的一件件烦心事、揪心事中获得认可。

村里 88 岁的王婆婆一直独居，每次到儿女家待两三天就嚷嚷着回家。身体硬朗的王婆婆每天都要爬山、捡柴，到地里走一走。

2021 年五一期间，王婆婆在路上遇到余绍容，笑着说："书记又到我家去过了？"

"你咋个知道的嘞？"余绍容笑吟吟地反问。

"我见家里的东西收拾过了，衣服也洗了。一猜就是你去了。"王婆婆笃定地说。

余绍容觉得，老人家年龄大了，平时需要有人照顾。她给自己立了一个规矩：每周都要到王婆婆家去一趟，帮老人收拾家、洗衣服，让老人家里也干干净净的。

乡村治理并非一帆风顺，余绍容也遇到不少委屈。前不久，村民程婆婆在农业银行大厅大吵大闹，认为村干部不作为，没给她交新农合材料，导致自己没法买新农合。不少办理业务的村民在一边指指点点，甚至吸引了一些路人围观。

见事儿越闹越大，农业银行工作人员赶紧给余绍容打电话，请其前来处理。接到电话的余绍容一头雾水：这事儿从何说起？已经给村里人都提交了个人信息，没道理没法买新农合啊。

来到现场，听到农业银行工作人员的解释，余绍容有点哭笑不得：原来，程婆婆卡上的余额不足，没法自动扣缴，自然没缴费成功。余绍容跟程婆婆详细解释，并保证帮忙解决问题。待程婆婆冷静下来后，帮她存入现金，问题迎刃而解。

余绍容告诉记者，处理好这些村民的烦心事、揪心事，需要讲究方式方法，成为村民的贴心人，并形成良性循环，更好地解决各种问题。

“余书记，您快来，有个村民在施工现场阻拦机械，工程都停了。”前几天，村里的施工队负责人呼叫余绍容。

接到电话，余绍容立刻就赶往现场。只见村民李双英（化名）站在挖掘机前，不停地说着什么，听不进任何解释。

“就听你一直叨叨了，也不听别人说话。你这么叨叨一天，问题能解决吗？”看到李双英的表现，余绍容的“辣脾气”犯了，上去就是一顿“批”。

原来，李双英家的土地之前因为洪灾被冲走一大块。当地政府出台政策，可以给大家恢复被损毁的土地。可李双英家排在后面，要求提前解决。

余绍容把李双英拉到一旁：“机械施工伤了你怎么办？你在前面人家也施展不开啊，还不如早点让开，早点施工解决问题呢。”

“余书记，我信你，这就走。”就这样，余绍容拉着李双英离开了现场，问题得以顺利解决。

从这一件件小事着手，余绍容和村“两委”干部们一起获得了村民的信任，凝聚了村子发展的合力。

## 高质量拓宽振兴乡村幸福路

对余绍容来说，2018年是个极有纪念意义的年份。这一年，她当选全国人大代表，眼界更加开阔，从乡村振兴中看到了广阔的机遇。

“对于五星村来说，脱贫的任务已经完成。在新起点上，要找到一条通往乡村振兴的幸福路。”余绍容说。

余绍容告诉记者，村里家家户户都住上了小洋房，住起来很“巴适”。可一段1.7公里的路，却成了大家的揪心事。

擂鼓镇通往五星村村委会的道路分为两段，其中赵家岩至五星村村委会1.7公里的路质量差，没有铺沥青，村民意见不小。

在向县级相关部门和领导反映情况后，得到高度重视，答复尽快将此路段纳入乡村旅游道路规划。

余绍容给五星村党员干部讲党课

推进高质量的乡村振兴，余绍容觉得，要深挖黄连资源，提升产业附加值。“以前，村民在地里用火烤黄连，费事费力不说，烟雾还会污染环境。”余绍容计划引进机器进行烘烤，进行精加工，提高效率，节约成本。

余绍容算了一笔账：村里黄连种植已达 1200 余亩，对产出的黄连进行精加工，整体收入能高不少。此外，余绍容希望抓住乡村电商的发展机遇，给黄连产业发展插上腾飞的翅膀。

当选全国人大代表后，与其他代表交流时，余绍容发现，不少乡村准备走乡村旅游的发展路子。这让余绍容也动了心：五星村自然环境优美，羌族文化氛围浓厚，精美的羌绣让人惊叹不已。发展绿色产业和乡村旅游业，让全村人吃上“旅游饭”，未来可期。

更让余绍容愈发坚定发展旅游信心的是，隔壁的楠竹村凭借“羌王竹海”，一到周末和假期，就迎来大大小小的旅游团和众多游客。村里的农家乐已经初具规模，不少村民从旅游中获益。借助地利，五星村和楠竹村可以连成一片，发挥规模优势，吸引更多的游客，延伸旅游产业链。

事靠人做，业由人兴。余绍容认为，推进高质量的乡村振兴，产业兴旺、生态宜居、乡风文明、治理有效、生活富裕都需要高质量人才的参与。

余绍容带领的村“两委”被村民们戏称为“红色娘子军”。调侃之余，大家也深知建立这么一支年轻队伍的不容易。

五星村原“两委”班子没人会使用电脑操作各种文件、报表，吸收年轻人成为大家共同的渴望。余绍容上任后，在全村物色年轻、有能力的村民，并挨家挨户上门做工作。陈冬玲和石贝贝就这样成为“红色娘子军”的一员，凭借认真负责的工作态度，很快赢得了村民的认可。

“余孃，又下乡调研啦，啥时候来我家耍会儿嘛，我妈妈想你得很。”在路上遇到余绍容，不少村民热情地打招呼。在这一声声招呼中，正如羌山上盛开的羊角花，余绍容走进了村民的心里。

回望来时的路，在抗震救灾和灾后重建中，余绍容勇挑重担当好主心骨；脱贫攻坚中，余绍容引领方向当好领头雁；乡村振兴路上，余绍容开拓创新当好探路者。如今，获得“最美城乡社区工作者”称号的余绍容锚定幸福新路标，不忘初心再出发。

“希望在乡村振兴的路上，五星村变成‘五星级’的乡村，村里人也过上‘五星级’的日子。”余绍容信心满怀地告诉记者，要走好乡村振兴的路，让村子更美、产业更强、村民更富裕。

《中国社会报》2021 年 5 月 14 日

# 扎根基层　这位村党支部书记获评“最美城乡社区工作者”

李　丹

中宣部、民政部近日发布了“最美城乡社区工作者”先进事迹，表彰全国10位先进模范。四川省唯一的入选者是北川羌族自治县擂鼓镇五星村党支部书记、村民委员会主任余绍容。

擂鼓镇五星村位于龙门山断裂带边缘地段，是“5·12”特大地震极重灾区、少数民族地区、革命老区、秦巴山连片特困地区和边远山区“五区合一”的地区。农民出身的余绍容，从2000年嫁到这里，她一路从村妇女主任做起，到村主任，再到村级建制调整后的五星村支部书记兼村主任，她带领村委会成员和村民进行灾后恢复重建，村级道路黑化，不断完善水、电、网络等基础设施建设，因地制宜带领群众发展高山枇杷、核桃和中药材种植等，实现人均可支配收入1.5万余元，村集体收益1.8万元以上。

## 两村合并建制调整村民从不信任到拥护新书记

2019 年 12 月，余绍容被擂鼓镇党委任命为五星村党支部书记，2020 年 5 月 20 日，擂鼓镇村建制调整，将原有的五星村和大田村合并，现五星村群众增加了一倍。大多村民的“松、散、懈”，对新任的村“两委”工作不了解、不支持、信任度不够，成为余绍容村书记兼主任工作的突破口。

村民程玉群前不久在农业银行大厅争吵，口中大骂村上干部不作为，不让她买新农合保险，银行工作人员一再解释她也不听劝阻，银行没办法只得找来余绍容。听取工作人员解释后才得知，新农合保险无需缴纳，只需要在银行卡上存够相应款额度，每月自动扣取，由于程玉群卡上余额不足，银行系统无法扣费，造成她无法购买新农合保险。余绍容耐心地说明，同时教育她不能扰乱秩序，有问题可以帮助解决，静下心来后，余绍容帮她存入现金，问题迎刃而解。

正是从这些小事入手，无微不至的关心和帮助村里 20 多位 60 岁以上的老人，余绍容和村“两委”慢慢取得村民的信任，以前的村民松、散、懈，不团结、不信任等问题，如今都慢慢变成信任、支持和拥护村两委的工作，并对余绍容竖起大拇指说：“你当村书记，我们放心。”

## 脱贫攻坚为全村同步小康奠定基石

五星村早在 2016 年就全部脱贫摘帽，但 2020 年 1 月突如其来的新冠肺炎疫情，打乱了五星村脱贫攻坚的后续工作。

“五星村多为江苏、浙江、广东的外地打工人员，因疫情影响暂时不能外出务工，我们就想办法能不能就近帮他们解决工作问题。”余绍容了解到，这群人大多数在原工作地已经做了10多年，不愿意换工作。但一直不工作就没有收入，适逢村里修路需要人手，在余绍容的推荐下全村40多人开始短期临工。3月中旬，五星村第一批外地务工人员坐上了北川统一安排的大巴返回了浙江。第二批、第三批外地务工人员在村“两委”的组织下，有序外出务工，保证了全村贫困户能够保证脱贫不返贫。

擂鼓镇通往五星村村委会的村道分为两段，麻柳湾至赵家岩段属于邻村已黑化道路，赵家岩至五星村村委会段1.7公里土路多年来一直未黑化，村民怨言大。要想富先修路，余绍容多次到县上跑项目，找领导争取资金，目前，黑化通村公路已列入当地计划。

## 党建引领乡村振兴带领全村过上甜日子

经历脱贫攻坚的洗礼，余绍容把目光聚焦在乡村振兴上。

在五星村，村民有种植黄连的传统，但零散种植、品质参差不齐，卖不上价。余绍容觉得，当地水土条件这么好，没道理种不好。

盯准黄连产业后，余绍容致力于通过土地流转规模化种植，用机器进行加工，再用电商建立品牌、打开销路。如今，这些新做法让黄连产业焕发勃勃生机，“苦黄连”承载了乡亲们过上“甜日子”的希望。

一年多来，余绍容经过调研了解到，建制调整前的五星村（原大田村）灾后楼房重建，全村整体搬迁擂鼓镇石岩村，重建的房屋错落有致，基础设施完善。但大田村的生产资料仍在原址，经济作物种植以枇杷、核桃为主，且已达到一定水平。村里种植大户李真文 2021 年收获的枇杷每斤 6 元，纯利润超 10 万元。在余绍容和村“两委”的指导下，村民们把原有的土地和闲置土地利用起来，预计今年种植的土地将再增加 30—40 亩，全村的枇杷种植可能达到 70—80 亩，产值达 20 余万元，保守估计将带动 10 余户 30 多人的人均收入达到 1.4 万元以上。

四川在线 2021 年 4 月 25 日

# 最美城乡社区工作者

ZUIMEI CHENGXIANG SHEQU GONGZUOZHE

## 宁启水

# 全国劳模宁启水的年三十

王　森

"谁都想回家团团圆圆过年，我就想把机会让给家在外地的员工，咱家就在当地，春节值班是我应尽的本分。"2 月 11 日，大年三十，在供电所值班的宁启水说。

其实，每年春节，宁启水每天不是守在供电所，就是外出检查线路，对发现的安全隐患及时清除，无论如何也要确保老百姓过上一个亮亮堂堂的春节。

细数一下，2021 年的大年三十是全国劳模、国网山阳县供电公司宽坪供电所员工宁启水在供电所值班岗位上度过的第二十三个年三十。1999 年宁启水自告奋勇提出值班，这一值就是 23 年。我们知道，宁启水这样做有他自己的想法，他所管理维护的万佛山、群子沟等几个台区是南宽坪镇最偏远的村子，那里山大沟深、群众居住分散，大部分自然组不通公路，自己不值班，一旦故障停电，别人去抢修，对用户情况不了解，对山路不熟，影响用户用电是大事，自己在这儿值班放心。再说，每年的除夕，陪万佛山几位孤寡老人聊天、过年是他雷打不动的事。

7点30分，宁启水在家里简单地吃了点早饭，就急匆匆地赶到所上，与其他3名同事一起完成交接班，就开始打扫院内、值班室和营业厅的卫生。然后填写完派工单，把收拾好的工具放进多年来形影不离的背篓里，还特意从街道的商店购买了食用油、方便面等日用品。

“盛泉、成德，今天你两个在所上，有啥事忙不过来，你给江平打电话，我让他妈把中午饭做早点，过来给你们帮帮忙。我去万佛山大洼组那边检查一下配电室，顺便看一下金贵叔。”

8点45分，立春后的南宽坪还是有丝丝冷意的，启水背起背篓，我跟随在他的后边向山上走去。“过了这条河、顺着那边的小路翻梁进垭口，顺着沟里走近道能节约1个小时的时间！”启水用手指着说道。

刚一进山，手机就没了信号，走了大概两公里，攀山的路就越来越陡，宁启水说：“越往上，路就会越来越窄，山也会越来越陡，慢慢爬，要不了两个小时就快到我维护管理的第一家用户了。”

启水边走边讲起山上的事。“山里的群众苦，住的条件差，这些年年轻人都在外打工，就剩下一些老人，山上没有商店，群众的生活和日常用品无处购买。特别是今年，由于疫情政府号召就地过年，大部分年轻人没有回来，山上的老人就更加艰难，不能让‘停电’破坏乡亲们过年的心情。一会我们去看宗坤叔，他老都80多岁了，一辈子一个人，每年的现在我都会去和他聊会天，陪他坐一会儿。”

就在向山上攀登时，前面山坳里一对野猪上蹿下跳，滚石落下的“砰砰”声在山谷回荡。天气阴冷，伴着山间冰雪融化后的流水声，老远就听到狗的叫声，不远处第一户人家已挂起了火红的灯笼、贴上了喜庆对联。这家主人叫段显银，常年有病，儿女全在山外打工，他和老伴守候在这祖辈居住的偏沟野洼里，一年难得下一次山，生活用品基本都是启水给背上来的。

放下背篓，启水熟练地从背篓里取出了 5 袋食盐递给他，又关心地问起 10 多天前捎的年货还缺啥？看着老人家里还有一小块肉、大米、面粉和白菜，启水就放心地开始给老人检查下户线和屋里的线路。半年前启水给收拾的线路虽然陈旧，但很整齐。临走时，启水再三叮嘱老人："床头的插座千万不敢用湿毛巾擦，那个吊线开关我给换了，用时一定要轻轻拉。屋里啥用完了，告诉我，我想办法给你送上来。"

离开段显银老人的家，向大洼组配电室走去。空心砖砌墙、木结构蓝瓦屋顶、陈旧的木门使这个配电室显得土气，但室内的地面、墙壁很干净，配电盘一点灰尘都没有。启水检查了熔断器情况，对漏电保护器进行了试跳，确定一切正常后，他在《漏电保护器测试记录》上作了记录。又拿出镰刀对线下的树枝进行修剪。然后绕道 40 多分钟，为山对面的张家财更换了屋里老化的线路和开关。

14 点 20 分，山坳里、山梁上陆续有鞭炮声响起，大石头上，启水打开水壶，两碗香喷喷的泡面外加两根火腿肠就是我们的午餐。饭间，启水指着对面那座山上的唯一一家用户，"前几年我去那家抄表收费就需要先从这座山上下去，再爬到另一座山上"。

"那这来回得多长时间啊？"

"总共就半天时间吧，然后再去另一座山抄表，这几年好了，不抄表，但到收费时，还要挨家挨户手把手帮助不会用手机交费的老

◆ 宁启水处理电力缺陷

人交电费。”

15点，启水开始对2020年“3·29”冻雨自然灾害损毁恢复线路进行重点巡视。一基杆一基杆的巡查，生怕漏掉了每一个细节。遇到拉线上缠的藤蔓，启水用手一点点地清除。

“边相这个结是当时冻雨压断后接上的，那边山梁上新立的杆是春节前综合检修把临时供电的木杆换下来的。”

17时10分，我们翻山越岭，向何金贵老人家里走去，此时，拖着老长腿的我，衣服湿了又干干了又湿，脚步不由得更慢了，可启水依然轻快地在前面引路。

不远处，坎上那间破旧小房子就是孤寡老人何金贵的家，还没等上到场上，老人早就像等待久别的亲戚坐在门墩上。

“党的政策好，前天镇上领导还给我送了米面油！你上月给买的油还没吃完，启水，好人呀！有你在，我不孤单。”老人用手抹着眼睛，拉着启水的手用浓重的下湖话说道。

在老人的家里，启水从背篓了取出方便面、食用油。“宗奎叔，我来陪你过三十，你老的身体好，党的政策好，多保重身体，好好享福，有啥困难我们这些晚辈的都能给你帮上忙。”

……

天色渐晚，启水和何金贵老人道别，从早晨出发到现在，已经过去了将近 11 个小时。

远处几声狗的叫声打破了山的宁静，散落在深山坳里的明灯分外耀眼。“老爸，新年快乐！电话打不通，我妈说你又上山了，我爷、我婆他们等你回去吃晚上的团圆饭！天黑，下山慢点。”刚出山不久，启水收到远在上海的二儿子宁江鹏发来的短信。

人民网 2021 年 2 月 19 日

# “铁腿书记”带领村民过上好光景

翟 倩

一双草鞋，一个背篓，陪着宁启水走遍了安家门村周边方圆百十里的山山水水，见证了他服务村民的点点滴滴。

56 岁的宁启水，是陕西省山阳县南宽坪镇安家门村党支部副书记。在担任村干部的 30 多年里，他与秦岭大山深处的 486 户村民结下了深厚友谊，通电、通路、通水、通信、帮扶、脱贫，这个生长在大山里的质朴汉子，正一步一个脚印，带领着村民奔向幸福。

## 15 年 8 万公里<br>为通电，他把肉腿走成“铁腿”

1988 年，23 岁的宁启水当选为群子沟村（后合并为安家门村）村主任，2011 年被选为村党支部书记，一肩挑起了整个村子的生计。群子沟村百余户村民遍布山梁沟底，村民照明靠点油灯，吃水靠老天，出行靠腿脚，生活极为不便。

“身为村主任，就得为老百姓的生计想办法。”那些年，宁启水没少为村民的生活犯愁。

1997年，政府和村民共同集资为群子沟村通电。宁启水从小在山村里长大，深知村里人的不易，“能用上电是村里几辈人的盼望。”

可在当时，没有大型起重机，怎么把10米长的水泥电线杆运到山顶？电管站的工作人员犯了难，施工也一度停摆。

宁启水偏不信这个邪，他带着数十个精壮小伙儿，从山顶放下几根粗绳绑住电线杆、变压器等，硬是凭着人力将这些物料拉上了山。后来，他还带着群众翻山越岭背来建材，在供电区域中心处的山顶建起了配电室。“我是山里长大的，背重物走这点山路小意思。”宁启水说。

村里的电顺利通上了，看着家家户户亮起的电灯，宁启水心里别提多高兴了。

看着宁启水这么有干劲，又能带动群众，电管站的负责人建议让他担任电工。1999年7月，宁启水开始负责群子沟村及周边十里沟、东台、万佛山等4个村子的电路维修、抄表收费等工作。

在城里，抄表不是件难事。可宁启水负责的这4个村子，位置偏僻，交通不便，条件艰苦且不通公路。486个用电户散落在海拔1700多米的高山峡谷之间，最远的万佛山村来回一趟得近百公里。

每月一次的抄表收费，宁启水要步行380公里以上，赶上冬天下雪，走走停停来回要15天。“偶尔一次两次还行，长时间我可受不了。”宁启水的同学杜同茂说。可宁启水毫无怨言，就这样坚持了

15年。直到2014年，全村电网升级，村民能通过网上或手机缴费后才停止。

身为电工，线路维修也是宁启水的工作范畴。“这么多年来，每次刮大风、下大雨，我都担心电力设施出问题。”由于万佛山、群子沟等村交通不便，电力设施比较落后，遇到恶劣天气时，宁启水一听见电话铃声就心跳加速。

2010年年初的大雪，把山上的电线压断、电线杆压倒，宁启水没日没夜，带领工作人员抢修40天，终于将电力恢复；2010年7月，洪水冲进十里沟村，连配电室都被水淹没，现场没有人敢进村，宁启水第一个进村排查，奋战了半个月才将村里的电力恢复；2012年夏天，山阳县连续多日大雨，多处电力设施受损，为了排查全村农作物、居民用房安全、用电损失等情况，还是宁启水穿起草鞋、撸起袖子，翻山越岭对全村所有组、户一一排查，记录险情并向上级部门汇报。

这么多年来，宁启水一直将村民用电当作大事，“电是山里人生活的基本保障，我没有理由不为大家做好服务。”2014年1月29日，已是腊月二十九，大多数人都已经在家烤着火、聊着天，等待大年三十的到来。在外奔波的宁启水好不容易回到家，还没喘口气，就接到电话，说是他管辖的新扒组停电了，“马上就大年夜了，没电就看不了春晚，这个年都过不好。”宁启水毅然背上工具踩着没过脚踝的雪直奔新扒组。新扒组山高路陡，整个冬天都是积雪厚冰，好不容易才爬上山，排查原因，原来是雪太大，把进户的电线压断了。帮村民修好了电，宁启水却在下山回家途中发生了意外。“踩冰上了，摔了一跤，腿部骨折。很不巧，受伤的地方上下都没有人家。”

宁启水说，“幸好，遇到两个在外打工的村民，连夜上山赶回家过年，看到我走不了了，把背包往岩石缝里一塞，把我背到了最近的村子借宿。第二天一早又抬着担架把我送到山下医院。”

在这么多年的抄表收费、维修故障中，他被马蜂蜇过，受过深山里野猪、毒蛇的惊吓，还被猎人的兽夹伤过，但他始终无怨无悔。村里有人统计过，自 1999 年至 2014 年宁启水 15 年走过的路程，足够 8 万公里，可绕地球两圈，因此获得“铁腿”的雅号。

## 从 13 公里水泥路到便民桥<br>为致富，他为村民们打通“出路”

安家门村地处秦岭南麓，山大沟深，群众居住分散，路不通是长期以来困扰群众生活、影响群众脱贫的难题。宁启水深知，抓好美丽乡村建设，必须从水、电、路、桥等基础设施建设入手。

十里沟村村民多，经济作物丰富，但受限于地理位置，通往该村的乡间公路每到夏天就会被洪水冲塌，不仅给村民出行造成不便，同时也造成资源损失。

为解决公路难修的问题，宁启水一方面筹措资金，另一方面找专业的勘探团队对道路进行勘探设计。经过长达半年的努力，终于修成了一条 6.3 公里长、既宽阔又安全的乡间公路。

“道路修到家门口，不仅方便了村民出行，同时加快推动了村民的脱贫致富。现在十里沟村的药材种植、土鸡饲养等产业逐渐繁荣起来了。”宁启水高兴地说。

同样的事情，东台、西台村的村民感受更深。

东台、西台村120多户人住在山上，群众生产生活很是不便。“村里的路是2.5米宽的一条土路，只有农用三轮车能通过。”宁启水说。

村民过去背黄姜下山卖，得走一个多小时，卖完后再把买回的化肥背上山。“上山背化肥，下山背黄姜；双腿打战战，两眼泪汪汪”曾是村民的真实写照。

2018年，宁启水被选为陕西省出席第十三届全国人民代表大会的代表。村民们受够了路不通的苦，找到宁启水：“启水，你是咱的代表，可得把咱村里的情况反映上去啊。”

宁启水专门到县里反映了村民的出行难题。当年年底，施工队来拓宽土路，铺设水泥，到2019年8月，一条4.5米宽、7.4公里长，投资100多万元的通组水泥路终于修好了。

如今，路修通了，村民出行方便了，生产生活便利了。村里种植了10多亩黄姜的种植大户鲍开华笑着说：“以前路没修好，只能开‘小蹦蹦’往山下拉，遇到雨雪天滑坡，车上不去，得靠人一篓一篓背下山，几万斤的黄姜得背到哪个年月呦。如今，路修好了，卡车直接开到家门口，方便得很。”

安家门村依山傍水，一条金钱河将全村一分为二。鲍家湾、罗群凹等地的村民要下山只有两个选择，一是过河，二是绕行七八里山路。

20世纪80年代，为了方便村民过河，村里安排了一名船工。1986年，河上修建了一条铁索桥，桥上简单铺设着木板，这在当时确实解决了村民的过河问题。

虽然村里每年都会对铁索桥进行维修，但村民每次过河仍心惊胆战，尤其遇到大风天气，铁索桥随风摇晃，非常不安全，还偶有村民过河时被风从桥上刮下来的事件发生，幸亏被水冲到了岸边，没有生命危险。“这可不行，村民的安全是第一要务。”宁启水下定决心一定要修一座结实、安全的水泥桥，彻底解决村民过河难的问题。

他多次向上级部门反映情况，递交申请，终于筹到资金，修建起了一座 3.5 米宽的便民桥。“为了修这座桥，宁启水协调了很久。一方面要在冬季枯水期建桥，另一方面要考虑下游水坝蓄水发电，宁启水两头跑忙了好几个月。为了赶工期，他还下河和工人一起干活，冬天刺骨的河水，等他上来时，嘴唇都紫了，整个人都在打哆嗦。”安家门村党支部书记周泽林说。

“只要能让村民们得实惠，我所做的一切都是值得的。”宁启水感慨地说。路修通了，安家门村的产业发展更加顺畅，在宁启水的带领下，全村共种植中药材 1700 亩，养殖土鸡、土猪 2.5 万只（头），老百姓的日子越过越美。

## 8 个背篓 8 余吨物资<br>勤入户，他成了村民们的贴心人

在安家门村，村民有事都愿意和宁启水唠叨几句。他与村民交情怎么这么深？还得从他当电工抄表收费说起。

“当电工要入户，这也是我们村干部了解群众生活的机会。哪户生活有困难，谁家光景过得好，我心里有一本账。”宁启水说。

山里年轻人大多外出打工，留在家里的都是老人和孩子。如果

要购置物资，村民下山上山来回要走一整天。有的老人背着重物走得慢，不能在天黑前返回，还有可能要在山下借宿。生长在大山里的宁启水深知村里人的不易，每次上山抄表收费时，总会背着一个大背篓，除了放电工器具外，就是为山上孤寡老人和困难群众免费捎带的油盐酱醋、大米、面粉等生活必需品。农忙时节，背篓里还会多出化肥等农业用品。

多年来，宁启水给群众背送的物资累计重量 8 吨以上，用坏了 8 个背篓。村民们看到他总会叫一声“背篓电工”。

住在万佛山顶的盛庆全老人，一年难得下一次山，生活用品基本都是宁启水给捎带背上来的，老人说：“那些年多亏了启水，地里栽的菜秧子，吃饭用的油和盐，都是他每个月免费背上来的，给我们这些行动不便的老人帮了大忙了。”

翻看宁启水的大背篓，有脚扣、电线、扳手、老虎钳等工具，有洗衣粉、肥皂等日用品，有油盐酱醋等生活用品，有辣苗茄秧、扶贫技术指南等农产品和书籍，还有小学生的笔记本等，每次都满满当当的，大约重 40 公斤。

有的人家硬是要给些运费，宁启水急了：“我不是凭这挣钱。当村干部，为乡亲做点事，这是应该的。”实在拗不过老人的挽留，他就吃一碗老人做的白水面。

正是这背篓背出的感情，让村民们信任宁启水，跟他拉近了距离。

随着陕南地区移民搬迁工程稳步推进，安家门村也开始了移民搬迁工作。宁启水带领村委会成员实地走访，挨家挨户宣传政府政策，鼓励大家易地搬迁。有的村民对生活了几十年的家乡充满留恋，

◆ 宁启水（右）动员居住边远高山的散住五保户集中供养

他就从各方面介绍易地搬迁的好处。出于对宁启水的信任，全村共实施易地搬迁 92 户，危房改造 22 户。70 岁的吴凤贵搬进新家对比现在和以前赞不绝口：“怎么也没想到，新农村这么好，买包盐、买点药啥的方便太多啦。”

作为第十三届全国人大代表，宁启水也一直在思考如何做好脱贫攻坚与乡村振兴的有效衔接。他和村党支部成员确定了重点从“美、精、强”3 字入手，擘画乡村美、产业精、支部强的乡村振兴新蓝图。

针对个别老百姓家中不通自来水的情况，他多次向上级部门反映要水管，面对没有资金的情况，他发动村民自己动手铺设水管，实现了全村安全饮水 100% 覆盖。

作为电工，他对所管辖村百姓用电问题十分用心，通过努力，实现了电力入户（农网升级改造）100%。架设了 4.6 公里的高压线路，把动力电拉到了组上，不仅改善了村民的生活用电状况，还为村里农副产品加工用电提供了保障。

安家门村信号弱，村民常常找着信号打电话，宁启水联系通信公司，新建通信基站一处，大大方便了村民的通信需求。

针对办公设施不足问题，村里新建三层五间村办公楼一座，标准化卫生室一所，文化活动广场两处，民居环境改造 120 户。

在宁启水的培养带动下，一批年富力强、能力突出的青年共产党员涌现出来。2019 年，32 岁的周泽林被选为村党支部书记，宁启水任副书记。

昔日的贫困山村，如今发生了翻天覆地的变化。对于宁启水数十载如一日的坚持与付出，周泽林评价他是个默默奉献、敬业负责的人，可他自己却说："我只是一名普通的电工，一名平凡的村干部。从小在山里长大，为乡亲们出分力是我应该做的。看着乡亲们日子越过越好，我心里也舒坦。"

《中国社会报》2021 年 5 月 19 日

# 宁启水的 150 双草鞋和 8 个背篓

仵永杰

“近几年，大部分乡亲从山上搬下去了。我们利用山上的自然资源发展旅游产业，让搬下去的群众每年都有分红。”4 月 19 日，在“最美城乡社区工作者”发布仪式上，山阳县南宽坪镇安家门村党支部副书记宁启水说。

分红、发展旅游、住上楼房……曾经，对于世代居住在大山深处的安家门村村民来说，这些简直就是天方夜谭。

此前，乡亲买包盐要走一整天的山路，更别提将山货运到山外售卖。高耸的山峰像是要压下来一样，抬头看山顶还要高高仰起脖子，驾车行驶数个小时后窗外仍是连绵的群山。

大山孕育了有着宽广胸怀、淳朴本性的山里汉子。56 岁的宁启水从 20 岁出头开始当村干部，并负责当地 400 多户村民的用电安全，常年为山上的孤寡老人捎去生活用品。

多年来，山还是那个山，人却从年轻小伙变成中年汉子。宁启水数十年如一日奔波在山路上，为村民检修电路、捎买物资，穿坏了 150 双草鞋，用坏了 8 个背篓……

## “草鞋”电工

1990 年前后，宁启水当选群子沟村（后合并至安家门村）村主任，整天为乡亲的生计想办法。百余户人家遍布在山梁沟底，村民照明靠点灯，吃水凭老天，外出只能步行。

1997 年，政府和村民共同集资计划为群子沟村通电。宁启水从小在山村长大，明白山里人的执着与不易，积极带领乡亲们栽电线杆、建配电室，争取早日给村子通电。

当时，要将约 10 米长的水泥电线杆运到山顶，但没有大型起重机械。电管站工作人员为此犯了难，村子的通电工程也因此搁置。

宁启水偏不信这个邪。他带着数十个精壮小伙上山，将几根粗绳从山顶放下绑住电线杆、变压器等，前后用了半年多时间，硬是凭人力将这些物料拉到了山顶。后来，宁启水还带领群众翻山越岭背来水泥等建材，在供电区域中心处的山顶建起配电室。

电管站负责人见宁启水既有干劲又能服众，便提议让他担任农电工。1999 年 7 月，宁启水便开始负责群子沟村及周边十里沟村、东台村、万佛山村 4 个村的电路维护、抄表收费等工作。

这 4 个村子位置偏僻，交通不便，条件最为艰苦且不通公路。486 户村民分布在海拔 1700 多米的高山间，两户间的距离甚至超过数公里。仅抄表收费一项，宁启水每月步行的路程就在 380 公里以上。

从南宽坪供电所到家中，宁启水要步行近 3 个小时的山路。只有回村子维护电路时，他才能与家人团聚。每次到家，母亲要给儿子拿几双自己新打的草鞋，妻子则裁剪旧布缝补丈夫用烂的背篓。宁启水却顾不上安顿家务，还要查看村里的电路和配电室。

## “背篓”主任

当时，抄表收费必须要进村入户，宁启水和 4 个村子的每户人家都很熟悉。“当电工要入户，这也是我们村干部了解群众生活的机会。哪户生活有困难，谁家光景过得好，我心里有一本账。”宁启水说。

年轻人陆续外出打工，山里平日大多是留守老人和孩子。若要购置物资，村民下山上山来回要走一整天。有人背着重物走得慢，不能赶天黑返回，还要在山下借宿。每次上山抄表收电费，宁启水就为行动不便的群众捎买日用品。

每次上山时，宁启水换上大背篓，先装上脚扣、电线、扳手、老虎钳等工具，再放上乡亲们嘱咐他捎买的物资——洗衣粉、肥皂少不了，油盐酱醋不能离，辣苗茄秧、扶贫技术指南、小学生的笔记本不能被压着……

背篓装得满满的，大约重 40 公斤。宁启水上山了，每到一户人家，便卸下一点东西，背篓里的物资越来越少。山路越走越远，宁启水的肩膀轻了许多。

有的人家硬是要给些运费，宁启水急了：“我不是凭这挣钱。当村干部，为乡亲做点事，这是应该的。”实在拗不过老人的挽留，他就吃一碗老人做的白水面。

住在万佛山村的盛庆全老人行动不便，生活用品基本是宁启水捎带背上来的。盛庆全说："这些年多亏了宁主任，他给我们帮了大忙。地里栽的菜秧子、吃饭用的油和盐都是宁主任背上来的。"

2006 年，宁启水为万佛山村王尊德老人家中接通电，还装上电灯、电插板。王尊德无儿无女，年龄也大了。每次来抄表时，宁启水总要给老人捎一些日用品和食物。

后来，王尊德为感谢宁启水多年的照顾，亲自用石板铺了山路，方便人们往来。"踏着石板路，我总想起淳朴的乡亲。我只是做了一点应该做的工作，乡亲们却一直记着。"宁启水说。

## "愚公"书记

乡亲们长时间住在山上，几乎与外界隔绝。一些村民长期在外地打工，后来也将全家搬到务工地，算是"逃"出了大山。

陕南地区移民搬迁工程稳步推进，2014 年，群子沟、十里沟、东台等村合并为安家门村，宁启水担任安家门村党支部书记。脱贫攻坚开始后，安家门村太山沟组、群子沟组、夹板沟组整体进行易地搬迁，宁启水带领村干部入户讲解政策，劝导村民尽快搬到山下的安置小区。

愚公移山，宁启水"搬村"。有的村民对生活了几十年的地方还有些留恋，对山下的生活不太放心。宁启水讲道理、说想法，解决了群众的后顾之忧。"没想到新农村这么好！买包盐、买点药，比原来方便多了。"搬到安置小区的村民称赞。

搬下去，怎样才能稳得住？宁启水带领村民种植中药材 1700 亩，并且养殖土鸡、土猪。针对年轻人的工作问题，他组织劳务输出 171 人，解决了剩余劳动力就业问题。

针对安家门村其他组交通不便的情况，宁启水带领村干部多方筹资修通村组路 13.7 公里。个别群众家中不通自来水，他带动群众铺设水管并接通自来水。还有群众出行常需渡河，宁启水向上级部门反映情况，筹资新建金钱河便民桥。

2019 年，安家门村实现了全村脱贫出列目标，宁启水主动卸下村党支部书记的担子，请求担任村党支部副书记。昔日的贫困山村，发生了翻天覆地的变化。对于宁启水数十载如一日的坚持与付出，同事说他是一位敬业负责的基层干部，领导评价他工作能力强。

但宁启水并不这样认为。“我只是一名普通的农电工，一名平凡的村干部。从小在山里长大，我和乡亲们就像一家人，为乡亲们出一分力，这是我应该做的。看着乡亲们日子越过越好，我心里也舒坦。”他诚恳地说。

《陕西日报》2021 年 4 月 29 日

最美城乡社区工作者

ZUIMEI CHENGXIANG SHEQU GONGZUOZHE

张丽萍

# 以心换心凝聚人心

赵晓明

社区虽小，却连着千家万户。作为社区治理的领头雁，宁夏回族自治区吴忠市利通区金星镇金花园社区党委书记、居委会主任张丽萍，在社区一干就是17年。4月19日，张丽萍荣获“最美城乡社区工作者”称号。

民族团结，是金花园社区的根。守护好民族团结生命线，是社区1.38万名各族群众骨子里的念想，是他们日日夜夜的期盼。

扎根金花园社区以来，张丽萍以党建的“绣花针”串起了基层治理、民族团结、为民服务的“千条线”，用有温度的服务带给居民有质感的幸福，让和谐家园绽放民族团结之花。

## 以文化为载体，民族团结有暖意

文化认同是最深层次的认同，是民族团结之根、民族和睦之魂。1.38万名社区居民，包括汉、回、满、蒙古、藏等6个民族，少数民族居民占45%。各民族习惯不一、风俗不同，社区居民个性化需求众多，社区治理面临重重难关。

如何破局？刚来到金花园社区不久，张丽萍将目光聚焦到文化认同上。

文化认同，说起来倒是轻巧。在与社区工作人员、社区居民交流时，张丽萍被泼了一盆冷水：亲兄弟还可能闹矛盾呢，这么多社区居民，拿什么让大家从心底里互相认同？

在社区工作10余年，张丽萍深知其中的难处。但10余年的社区工作经历同样告诉张丽萍，没有搬不开的山，也没有解决不了的问题。“面对一团乱麻的困境，要找准线头，找到抽丝剥茧的关键。”张丽萍说。

经过调研、与社区居民深入交流，张丽萍找到了破局的“线头”所在：以各民族节日为载体，办好“社区邻居节”，让大家共同体验彼此的习俗，在沉浸互助中加深理解。

说干就干，每年9月是自治区党委和政府确定的“民族团结进步月”，张丽萍和社区工作者们早早就忙活开来，组织居民一起参与“社区文化节”，饺子宴、茶话会、厨艺大比拼、才艺展示轮番上演，各族群众主动融入社区的大家庭。

迄今为止，金花园社区的邻居节已经连续成功举办了16届，成为社区民族团结的一张亮丽名片。据张丽萍介绍，“喜迎新春·共舞和谐”文艺演出、“浓情中秋、情系你我、邻里百家宴”等传统文化活动寓教于乐，唱响了民族团结的“欢乐曲”。

如今，“欢乐曲”的音符传遍了金花园的家家户户。每逢开斋节、古尔邦节，回族居民何艳玲总是把自家做的油香和馓子送给对面住的汉族邻居李巧云。到了端午节，李巧云忙着买粽叶、红枣、糯米，一个个精美的粽子在李巧云手中成形，等到粽子的清香缓缓地从锅中溢出来时，李巧云挑出一盘自己的精心作品，送到何艳玲家里，请其家人一同品尝。像这样邻里和睦、守望相助的和谐画面，每天都在社区上演。

◆ 张丽萍组织“社区邻居节”

“除了举办‘社区邻居节’，我们还建立了居民活动中心，设置了书画室、舞蹈室等，居民自发组成兴趣小组，一同唱歌、跳舞、弹琴、下棋。”张丽萍告诉记者，粗犷豪迈的唱腔、曼妙的舞姿、清脆的快板，夹杂着阵阵叫好声，勾画出社区生活的和谐与美好。

渐渐地，参加文化活动的居民越来越多，活动中心难以满足社区居民的多样化、高频次需求。听取居民们的意见后，张丽萍和社区工作者们多次商讨解决方案，决定建设民族团结石榴籽广场。

建成以来，广场成为居民户外活动的首选之地。练太极拳、跳广场舞、写地书，广场成了欢乐的海洋。

“将丰富多彩的文化活动与日常生活结合起来，开展接地气、易参与的文化活动。”张丽萍说，通过多元活动寻求文化认同。

在全国民族团结进步表彰大会上，张丽萍为社区抱回了“全国民族团结进步模范集体”的金色牌匾。载誉归来，众多社区居民前来围观。“这是社区各族群众的集体荣誉，是大家‘像石榴籽一样紧紧抱在一起’的生动写照。”张丽萍说。

## 以治理为路径，民族团结更贴心

扎根社区 17 年，张丽萍有自己的工作法宝：“做好社区治理工作，最管用的就是将心比心、以心换心、凝聚人心。”

“将心比心，首先要做的就是真正找准居民‘心’在何处，了解居民的所思、所想、所盼。”张丽萍告诉记者，这就需要俯下身子与居民打成一片。

2018 年，刚到金花园社区时，张丽萍对社区情况不太熟悉，对社区居民比较陌生。如何快速进入角色？张丽萍认为，党员是做好社区工作的有力抓手，要激发党员积极性，发挥先锋模范作用。

上任伊始，张丽萍每天根据党员名单入户走访。“您家现在情况怎么样？”“您认为社区需要在哪些方面发力？”在一句句问候与交流中，张丽萍把党员的情况、面临的需求、提出的建议都记录在随身携带的笔记本上。

“笔记本虽小，但上面记录的都是社情民意，是社区的一手资料，反映了居民的心声。”张丽萍说，在一次次进家门、拉家常的走动中，张丽萍依靠党员“好亲戚”迅速对社区情况有了深入的了解。

“将心比心了解情况是做好社区工作的第一步。”张丽萍告诉记者，社区居民看社区工作，不仅看社区干部如何说，更重要的是看社区干部如何干。

在走访社区居民时，不少人向张丽萍提出：社区小广场修建得不错，大家都愿意在那跳舞、遛娃，可附近没卫生间，有点不方便。

张丽萍本来觉得，修个卫生间，问题能有多大？可实际操作中，张丽萍跑断了腿：居民意见不统一，要求众多；建个卫生间，还需要政府部门审批；建好后，谁来管理，卫生条件如何保证？

“群众的事，再小也是大事。”张丽萍同社区班子成员多次到小广场实地察看，与居民共同探讨，最终在广场南门入口处建设移动式公共卫生间，解决了这一实际问题。

“张书记，小区排水管道老化得挺严重，一下大雨，很难快速排水，大家出门，鞋子都湿透了。”“张书记，小区路面年久失修，凹凸不平，老人、孩子很容易崴脚、摔倒。”聊天时，不少社区居民向张丽萍反映情况。

“这些问题，归根到底是社区建成久了，设施老化造成的，需要一揽子解决。”张丽萍总结说，她和班子成员一起，邀请区人大代表到社区考察，一同争取到了老旧小区改造项目。

“改造后，小区道路平坦了，路灯亮了，下水畅通了。日子美着呢。”对改造之后的社区环境变化，社区居民赞不绝口。

“干没干、是否用心干、干得怎么样，社区居民心里有杆秤。”张丽萍告诉记者，在社区治理中将心比心、以心换心，最终凝聚人心。

社区党委副书记杨婷是一名 90 后。吴忠市创建全国文明城市，金花园作为迎检社区，责任重大。杨婷记得，张丽萍带着他们和社区志愿者扫院子、清广告、消死角，高质量通过复检。

“这个媳妇子，干啥麻利得很。”提起张丽萍，小区居民竖起了大拇指。

对社区工作满意了，对社区干部认可了，众多社区居民也积极投身社区治理，畅享社区美好生活。

居民杨德军突发重病，大家慷慨解囊，助其渡过难关；逢年过节，居民仇良明主动为高龄老人义务理发……一桩桩、一件件小事汇聚了治理大能量。

## 以党建为引领，民族团结有方向

在金花园社区，处处可以感受到民族团结的浓厚氛围：石榴籽广场上，挂着习近平总书记 2020 年 6 月 8 日到社区视察时与社区居民的合影；围墙上，民族团结标语随处可见；楼宇中，各族群众手挽手促和谐的照片“占据”了各处宣传栏。

“民族团结不是与生俱来的，更不是一劳永逸的。”张丽萍坚定地认为，要充分发挥社区党委政治核心引领作用，通过宣传教育引导社区各族群众始终感党恩、听党话、跟党走。

“习近平总书记讲话指航向，说得咱心里亮堂堂。脱贫致富大步迈呀，追梦的豪情高万丈！”3 月 30 日，金花园社区党委组织党员、群众开展主题活动。在 80 岁老党员潘保权的指挥下，大家共同唱起了自创歌曲《习主席来到咱社区》，嘹亮的歌声抒发着对祖国的热爱。

在张丽萍看来，类似的宣传教育活动进一步唱响民族团结“前奏曲”。打造“总书记来到咱们家”红色教育基地、开展“重温红色教育、重走视察路线”等系列活动，提高了凝聚力。

让社区居民津津乐道的是，张丽萍推进宣传教育贯穿始终。张丽萍刚到金花园社区不久，不少居民就发现广场上多了个“开放式”党校。

“建个‘开放式’党校，能起到作用吗？”社区居民议论纷纷。面对疑虑，张丽萍带领社区工作者坚持每天宣讲，一个个党史故事、民族团结故事娓娓道来，滋润了居民的心田。

“完善社区治理体系、增强社区治理能力，必须发挥党组织的引领作用。”张丽萍说，只有打通党组织覆盖的“最后一公里”，才能更好提升基层党组织的政治领导力、思想引领力、群众组织力、社会号召力。

7 个居民小区、上万名居民、580 个商户，如何治理？正如习近平总书记到金花园社区视察时，张丽萍汇报的那样，通过党建头雁领航、群雁竞飞、多元参与，实现共治共享。

作为社区党建头雁，张丽萍打出了组合拳：组建了 110 人的“红管家”队伍，推动党组织建在网格上、小区里、楼栋中、商网下。每个网格都有专人负责，每个楼栋都有党员服务，有效激活了神经末梢。

党建活力在疫情防控中见真章。接到任务，由于丈夫也在抗疫一线，张丽萍匆匆将两个孩子交给公公婆婆照顾，便一心投入社区抗疫工作中。

结合社区实际情况，张丽萍组织成立了8个临时党支部，动员125名党员冲锋上阵，全面开展走访调查、摸排登记、宣传消杀等工作。

回忆起那时的艰辛，90后社区工作者马磊深有感触："张丽萍就像是一颗定心丸，只要她在岗，社区干部就有了主心骨，干活有目标，说话有底气。"

社区抗疫容不得一丝松懈，为了排查外来人员信息，张丽萍每天要接听100多个居民电话，一走就是数万步。2020年2月21日，由于连日过度劳累，引发脑部缺氧缺血，张丽萍晕倒在防控卡点上。虽然大家劝她好好休养，但仅过了10个小时，张丽萍就再次出现在防控一线。"看到大家都在一线战斗，我在家里也不安稳，索性跟大家一起并肩作战。"张丽萍说。

想方设法将突发精神疾病的独居老人护送至医院、耐心劝导密切接触者集中隔离、提供送饭送菜等各种服务……张丽萍带领的党员干部队伍用热情和真诚赢得了居民的支持和配合。

看到工作人员的辛苦，社区居民行动起来，自发为他们送热饺子、暖手宝、棉大衣，谱写了同心战疫、共克时艰的民族团结新画卷。

如今，在张丽萍的带动下，越来越多的社区党员、居民主动参与社区事务，共同为社区发展贡献力量。

"小朋友们，你们觉得现在的生活幸福吗？奶奶小时候啊，可不像现在这样，那个年代啊……"83岁的社区老党员贾淑兰向小朋友们讲述今天的幸福生活来之不易。

“你们看这个水壶，是 1965 年军人的标配，现在已经用不上了。”78 岁的社区党员孙彦民讲述老物件背后的故事，让大家一起重温革命历史。

到金花园社区多次调研，宁夏回族自治区民政厅基层政权建设和社区治理处副处长戴斌发现，自治区党委和政府关于社区治理的决策部署已在社区“落地生根”“开花结果”，社区人员稳定了、资源多了、力量足了，居民的烦心事有人听、有人管、有人办，赢得了群众认可，凝聚了党心民心。

“我把温暖送给别人，我有困难时别人也会帮助我。”65 岁的社区居民杨秀花如是说。在照顾卧床丈夫的同时，杨秀花也积极参与到社区志愿服务中来。

包括杨秀花在内，社区里穿着红马甲、戴着红袖章的志愿者越来越多，成为一道亮丽的风景线。

“感悟团结的力量，让社区里的各族居民像石榴籽一样紧紧地抱在一起。”张丽萍正带领金花园社区居民行稳致远，凝聚同心合力的磅礴力量。

《中国社会报》2021 年 4 月 21 日

# 社区工作多面手 服务群众有心人

宁夏日报记者

“你获得全国‘最美城乡社区工作者’的称号是当之无愧的，我们都为你高兴！”4月17日，吴忠市利通区金星镇金花园社区69岁居民铁占明拉着张丽萍的手开心地说。

2004年，张丽萍参加社区工作以来，先后在利通区金星镇裕西社区、利宁社区、金塔社区工作。2018年3月，张丽萍刚刚上任金花园社区党委书记，许多情况都不熟悉。为此，她每天抽出时间，通过上门走访了解辖区党员思想动态。在与党员交谈中，她用随身携带的笔记本认真记录下每位党员的情况。

小社区，大天地。社区就是一个小社会，社区的工作包罗万象，上到宣传党的方针政策，下到居民家中的细碎小事。工作中，张丽萍不敢有丝毫马虎，每天都忙得团团转。

金花园社区是个老旧小区，小区路面年久失修、排水管道老化堵塞、雨后积水等问题长期困扰着群众的生活和出行。张丽萍多方

◆ 张丽萍开会交流工作

奔走，协调争取到老旧小区改造项目。金花园广场是社区居民休闲娱乐的主要场所，但由于缺少公共卫生间，群众如厕难题一直没有得到解决。她带领社区班子成员多次入户征求意见，在广场周围多方选址，最终在广场南门入口建设了移动式公共卫生间。

社区党员杨德军被确诊为急性梗阻性胆管炎，需要几万元的治疗费，由于家庭经济条件有限，一时无法凑齐手术费。在张丽萍的倡议下，社区组织了募捐活动，老党员孙彦民在自己也不富裕的情况下捐助了 1000 元。在社区党员的帮助下，重病的杨德军最终战胜病魔、渡过难关。

新冠肺炎疫情防控期间，张丽萍结合社区实际，推行“12236”工作法，成立了 8 个临时党支部，动员 125 名党员投入这场没有硝烟的战斗。她带领社区网格员、党员、楼长、下沉干部全面开展走访调查、摸排登记、信息录入、宣传消杀、隔离值守等工作。由于连日过度劳累，引发脑部缺氧缺血，晕倒在防控卡点上。但仅仅休息了10个小时，她就执意返回工作岗位。她说："看到同事们都在奋战，我身在家里、心在社区，我要和同事们并肩作战。"

张丽萍以创建全国民族团结示范社区为抓手，在实践中总结出社区民族团结"四部曲"工作法，连续16年举办以"百家宴"、团拜会、文化惠民等系列活动为内容的"社区邻居节"，拉近了邻里关系、加深了邻里感情，凝聚起各族群众共建幸福美好家园的强大力量。在新中国成立70周年之际，张丽萍参加了在北京召开的全国民族团结进步表彰大会及国庆庆典活动。载誉归来后，她抱着"全国民族团结进步模范集体"金色牌匾，逢人便说，"这是金花园社区各族群众的集体荣誉，这是社区各族群众'像石榴籽一样紧紧拥抱在一起'的生动写照"。

17年来，张丽萍在社区工作岗位上，情系一方沃土，造福一方百姓，赢得了广大群众的赞誉，获得了自治区抗击新冠肺炎疫情先进个人等荣誉称号。

"习近平总书记去年在金花园社区视察的场景经常浮现在我眼前，总书记的殷殷嘱托也常常回响在我耳边。我将铭记在心、感恩奋进，把总书记对基层党组织的殷切希望和对人民群众的深情牵挂落实到服务群众的具体实践中，把家园建设得更美好，让群众生活得更幸福。"张丽萍说。

《宁夏日报》2021年4月20日

# “总书记就是咱们最亲的人”

## ——回访金花园社区党总支书记张丽萍

张晓芳　周　昕　秦　磊　马照刚　杜晓星

“总书记就是咱们最亲的人！”两个多月过去了，张丽萍依然沉浸在幸福的回忆中。

6月8日，对于吴忠市利通区金星镇金花园社区服务中心的工作人员和居民来说是一个终生难忘的日子。这天下午，这个被评为“全国民族团结进步模范集体”的社区，迎来了一位特殊的客人——习近平总书记。

“这是我第二次见到总书记了。”8月25日，金花园社区党总支书记张丽萍激动地告诉记者，2019年9月，金花园社区荣获“全国民族团结进步模范集体”称号，她作为社区代表赴北京参加全国民族团结进步表彰大会，“作为来自基层的社区工作者，能参加国家最高规格、最高待遇的盛会，亲耳聆听习近平总书记的重要讲话，我倍感荣耀，倍受鼓舞。但我做梦也没想到，总书记会来到我们社区。”

“面对面近距离向总书记汇报工作，我既激动又紧张。”张丽萍说，总书记在社区门口下车，健步走入社区服务中心，她将社区基本情况向总书记作了汇报，总书记听得非常认真。在二楼党群活动服务中心领航驿站，她向总书记介绍了“头雁领航，群雁竞飞，多元参与，共治共享”的党建雁阵引领社区治理等工作情况，总书记面带微笑，听到精彩处，频频点头鼓励。

看到展柜里陈设的居民送来的感谢信、锦旗，总书记停下脚步，当发现有一面富平小区送来的锦旗，总书记在现场向大家讲了富平三迁的故事。“像拉家常一样，我顿时不紧张了。我以前只知道总书记的老家在陕西省富平县，但不知道富平三迁的故事，当天晚上回到家后，我就用百度进行了解，之后又到吴忠博物馆查询了《吴忠赋》，对这段历史进行补课。”张丽萍说。

在民族团结展示墙前，张丽萍向总书记介绍，每年9月金花园都要举办“社区邻居节”，已连续举办了15届，社区邻居节上有厨艺大比拼、才艺展示等丰富多彩的活动，各民族居民走出小家融入大家，其乐融融，亲如一家，像石榴籽一样紧紧抱在一起。

在志愿者服务中心，志愿者代表、70岁的回族老党员王兰花告诉总书记，王兰花热心小组2005年7月成立，最初只有7名成员，如今，利通区志愿者已发展到6.5万人，吴忠市发展到9.8万人。总书记听了十分高兴。

在金花园社区广场上，习近平总书记同居民们亲切交流。他说，中华民族是多元一体的伟大民族。全面建成小康社会，一个民族也不能少。各民族团结携手，共同迈进全面小康，体现了中华民族优良传统，体现了中国特色社会主义制度的显著优势。社会主义是干出来的，幸福是奋斗出来的。有党和政府持续努力，有各族群众不懈奋斗，今后的生活一定会更好更幸福。现场很多居民都流出激动的泪水。

“我印象最深刻的是道别之时，总书记特意把我叫到跟前，对社区工作给予了充分肯定，并对加强为民服务提出了殷切希望。”张丽萍难掩激动之情。

行胜于言，总书记离开宁夏后，金花园社区立即掀起学习宣传贯彻习近平总书记视察宁夏重要讲话精神热潮，依托社区开放式党校、领航驿站，对社区党员、居民进行全覆盖宣传。并积极争取项目资金，对 A 区、C 区的破损路面、商网下水进行改造，改善居民生活环境。文化广场人气旺，每天有几百人活动，“我们在广场上设置了‘总书记来到咱们家’图片展，新建了两条休闲长廊。”站在广场上专门制作的大石榴前，张丽萍说：“请总书记放心，我们一定不会辜负您的嘱托和期望，用心、用情、用力做好做实为民服务工作，以真情把各族群众紧紧团结在一起，共建美丽和谐家园。”

《宁夏日报》2020 年 8 月 27 日

最美城乡社区工作者

ZUIMEI CHENGXIANG SHEQU GONGZUOZHE

# 视频·链接

# 中央宣传部、民政部发布“最美城乡社区工作者”先进事迹

为深入学习贯彻习近平总书记关于城乡社区治理重要论述，充分展现城乡社区治理改革创新成果，展示广大城乡社区工作者担当作为的良好精神风貌，中央宣传部、民政部近日向全社会公开发布“最美城乡社区工作者”先进事迹。

社区是党和政府联系、服务居民群众的“最后一公里”。此次发布的绳桂玲、刘娟、窦乃兴、华磊、林丽娜、裴春亮、杨宁、余绍容、宁启水、张丽萍10位先进模范，是广大城乡社区工作者中涌现出的优秀代表。他们中，有的不断创新社区工作方法，为居民解决民生难题，发动居民共建美好社区；有的二十年如一日，用心用情用力为居民服务，实现了“后进”社区到远近闻名的先进社区的蜕变；有的“抠小家”“富大家”，用一股闯劲儿将经济滞后的革命老区村发展成资产过亿的社会主义新农村；有的脱下军装在社区一线闪光，用最美的青春书写年轻人担当；有的积极发动社会慈善力量参与，整合各方资源为社区困难群众点燃生活的希望；有的致富不忘乡亲，毅然回乡带领村民走上共同富裕的道路；有的大学毕业

◆2021年4月，中央宣传部、民政部向全社会公开发布“最美城乡社区工作者”先进事迹。左起：刘娟、林丽娜、宁启水、窦乃兴、华磊、绳桂玲、裴春亮、张丽萍、余绍容、杨宁

回到家乡，扎根山村十余载，带领少数民族群众脱贫摘帽奔小康；有的舍生忘死当好“主心骨”，在地震灾后重建中用“苦黄连”换来百姓的“甜日子”；有的时刻把村民的冷暖挂在心上，用两条“铁腿”领着大山里的贫困村走上了致富路；有的全力做好社区民族团结工作，用真情拉近各族居民群众和谐互助邻里关系……在脱贫攻坚战、新冠肺炎疫情防控斗争中，广大城乡社区工作者不讲条件、不计报酬，义无反顾冲在第一线，用实际行动再次证明，广大城乡社区工作者是实现人民脱贫致富安居乐业、维护社会和谐稳定、筑牢中国特色社会主义大厦根基的重要力量。

发布仪式现场播放了10位“最美城乡社区工作者”先进事迹视频短片，从不同侧面讲述了他们的工作生活感悟。中央宣传部、民政部负责同志为他们颁发“最美城乡社区工作者”证书。

广大城乡社区工作者表示，要深入学习贯彻习近平新时代中国特色社会主义思想和党的十九大、十九届二中、三中、四中、五中全会精神，认真开展党史学习教育，不断增强“四个意识”、坚定“四个自信”、做到“两个维护”，以“最美城乡社区工作者”为榜样，牢记初心使命，强化责任担当，积极服务群众，努力成为社区带头人、居民贴心人、事业传承人，为实现人民安居乐业、维护社会和谐稳定、筑牢中国特色社会主义大厦根基作出新的更大贡献，以优异成绩庆祝建党 100 周年。

新华社北京 2021 年 4 月 19 日电

《闪亮的名字——2020 最美城乡社区工作者》，中央广播电视总台，2021 年 4 月 19 日。